MAPOGOS

마포호
연대기

아프리카 역사상 가장 위대한 여섯 사자를 기록하다

차례

SCENE 0
프롤로그
—
4

SCENE 1 유년기
제왕의 탄생
—
22

SCENE 2 방랑기
모험 혹은 시련
—
50

SCENE 3 전성기
사비샌드에 부는 피바람
—
68

SCENE 4 분열기
용맹한 자와 사악한 자
—
96

SCENE 5 위기
사비샌드의 별이 지다
—
132

SCENE 6 쇠퇴기
사라져 가는 형제들
—
170

SCENE 7 몰락기
지상에서 영원으로
—
204

MAPOGOS

출처_ www.facebook.com/Mapogo.Lions

들어가는 말

1.

2017년 9월 어느 날 저녁의 일이었죠.
저는 열혈 야구팬인데,
당시 제가 응원하는 LG트윈스의 성적이 곤두박질치는 중이라서,
그날따라 왠지 야구가 보고 싶지 않더군요.
그래서 이리저리 TV 채널을 돌리던 끝에
모처럼 내셔널지오그래픽 채널을 보게 되었습니다.

때마침 매우 흥미로운 영상이 나오더군요.
웬 수사자 한 마리가 다른 수사자 네 마리를 상대로 싸우고 있었습니다.
당연히 저는 '저 녀석 미쳤나, 빨리 도망치지 않고.'라고 생각했지만,
그 수사자는 정말 용감하게 싸웠습니다.
저로 하여금 '혹시 이기는 거 아냐?' 하는 기대감을 품게 만들 정도였죠.

마침내 그 수사자는 목숨을 잃고 말았습니다.

하지만 그 싸움에서 보여 준 녀석의 놀라운 용맹은 저를 완전히 사로잡았죠.
그래서 방송에서 나온 그의 이름 '킨키테일'을 얼른 검색해 봤습니다.

알고 보니 그 수사자는 '마포호'라는 수사자 무리에 속해 있더군요.
그래서 이번에는 아예 마포호에 대해 검색해 봤죠.
그런데 시간 가는 줄 모를 정도로 재미있었습니다.
마포호는 정말 흥미진진한 녀석들이었죠.

야구팬인 저는 평소 'MLB파크'라는 사이트를 즐겨 찾았는데,
그 사이트에 마포호 사자들을 알리고 싶다는 생각이 들었습니다.
글을 쓰기 시작하자,
뜻밖에도 많은 분들이 좋은 반응을 보였습니다.
상당히 즐거운 경험이었죠.

그 후로도 마포호 사자들에 대한 제 관심은 사그러들지 않았습니다.
틈틈이 시간을 내어 그들에 관한 자료를 찾아봤죠.
그러기를 약 두 달 만에 작은 결심을 하나 하게 되었습니다.
MLB파크에 그들에 관한 연재 글을 쓰기로 한 것이죠.

결국 11월 초부터 마포호에 관한 연재를 시작했습니다.

연재를 마치고 나니, 총 11회에 걸친 제법 긴 글이 되었더군요.
이처럼 긴 연재를 무사히 마칠 수 있었던 것은
당시 과분한 격려와 추천을 아끼지 않으신 분들 덕분이었습니다.
그분들에 대한 감사한 마음을 결코 잊을 수 없습니다.

2.

어릴 때부터 저는 사자를 매우 좋아했습니다.
원래 동물들을 대체로 좋아하는 편이었지만,
이상하게 유독 사자에게 끌리더군요.

사자는 매우 특별한 동물입니다.
고양잇과 맹수들 중 유일하게 무리 생활을 한다는 점부터 그렇죠.
그 때문에 사자들은 풍부한 이야깃거리를 제공하곤 합니다.
수사자들끼리의 권력 투쟁, 암사자들의 헌신적인 모성애,
젊은 사자들의 모험과 도전, 새끼사자들의 귀여운 모습은
보는 사람들의 마음을 사로잡기에 충분하고도 남죠.

특히 저는 수사자들의 위엄에 일찍부터 매료되었습니다.

풍성한 갈기에 마치 사람처럼 길쭉한 얼굴,
그윽한 눈빛에 살짝 냉소를 머금은 듯한 입매는,
왜 그들을 가리켜 '동물의 왕'이라 칭하는지 잘 알려 줍니다.

제가 마포호 사자들에 대한 연재를 했던 건
결코 우연이 아니었을지도 모르겠습니다.
이미 오래전부터 그들에게 흠뻑 빠져 있었으니까요.

연재를 하면서 가장 좋았던 점은 동지를 많이 만났다는 것이었죠.
정말 많은 분들이 사자들, 특히 수사자를 좋아하더군요.
댓글로 그분들과 사자에 대해 이러쿵저러쿵 이야기를 나누는 것은
정말 즐겁고도 특별한 추억이었습니다.
문득 이런 생각이 들기도 했죠.
"모든 남자들은 가슴 속에 수사자 한 마리쯤은 품고 사는구나."

저는 비록 사자들을 좋아했지만 별로 아는 건 없었습니다.
그저 사자들은 무리 생활을 한다는 것과
사냥, 육아 등 궂은일은 암사자들이 도맡아 하고,
수사자들은 태평스레 낮잠이나 자며 세월을 낚는다는,
상식 몇 가지만 갖고 있을 뿐이었죠.

그런데 마포호 형제들에 대한 연재를 준비하면서,
또 연재 도중 많은 분들과 댓글로 이야기를 나누면서,
그 상식들이 실은 얼마나 그릇된 편견들이었는지 깨달았죠.

사람들이 잠깐 구경하고 지나치는 그 태평스런 순간을 얻기 위해,
그들이 얼마나 오랫동안 숱한 역경을 헤치며 투쟁해 왔는지,
그리고 자신은 물론 아내와 자식들의 안전과 평화를 지키기 위해,
앞으로 또 얼마나 많은 시련과 고난에 맞서 싸워야 할지,
그전에는 미처 알지 못했지요.
수사자들의 삶은 치열함 그 자체입니다.
그들은 언제나 목숨을 걸고 있죠.

수사자들은 그 존재만으로도 가족에게 깊은 안정감을 줍니다.
그들이 있기에 암사자들이 마음 놓고 사냥을 나설 수 있으며,
새끼사자들이 천방지축으로 뛰어놀 수 있죠.
이런 수사자들의 모습은 우리들의 전통적인 아버지상과 많이 닮았습니다.
암사자들이 오로지 자식을 위해 헌신하는 우리 어머니들과 닮은 것처럼 말이죠.

사자들의 모습은 우리 삶을 떠올리게 하는 부분이 많습니다.
아마도 사자들이 무리 생활을 하는 동물이기 때문일 겁니다.

사자 무리를 지켜보면 우리의 옛 대가족 시대가 연상되곤 하죠.
핵가족 시대를 살아가는 사람들로 하여금 아련한 향수에 젖게 만든다고나 할까요.
바로 그 점 때문에 우리는 사자들이 들려주는 이야기에 매료되는 것 같습니다.

3.

제가 바쁜 시간을 쪼개고 체력 고갈로 허덕이면서도 열심히 연재했던 것은
그만큼 사자들의 이야기가 흥미롭고 재미있었기 때문입니다.
한 편씩 새 글을 올릴 때마다 느끼는 성취감은 물론이고,
많은 분들과 댓글로 오순도순 이야기를 나누는 재미도 엄청났죠.

그런데 연재라는 건 결코 쉬운 일이 아니더군요.
연재 글을 쓰기에 충분할 자료를 확보하는 것은 물론,
매주 꼬박꼬박 시간을 내는 것도 사실 쉽지 않았죠.

하지만 가장 어려운 점은 따로 있었습니다.
아무래도 사자들이 직접 기록을 남긴 게 아니다 보니,
애써 모은 자료들의 오류가 발생했습니다.
이 문제는 연재할 때부터 지금까지 여전히 저를 괴롭히고 있죠.

이것을 극복하는 방법은 최대한 많은 자료를 확보하여
그 자료들을 비교, 검토하는 것이었어요.
그리하여 그나마 수많은 공백을 메우거나 오류들을 바로잡을 수 있었죠.

그러나 아직도 이 글의 내용이 완벽히 정확하다고 장담은 못하겠습니다.
다만 이 정도 완성도나마 만들어 내고자,
제가 부단한 노력을 기울였음을 알아주었으면 하는 바람입니다.

마포호 컬리션의 이야기를 책으로 내게 된 지금
제 기분은 그저 한량없이 기쁠 따름입니다.
멋진 마포호 형제를 여러분 앞에 소개할 수 있기 때문이죠.
여러분도 이 부족한 책을 통해서나마
용맹하고 늠름한 마포호 사자들의 매력에 흠뻑 빠져들기를 바랍니다.

2019. 10. 가을 어느 날
스몰츠용수

마포호
형제들

Makhulu

★ 마쿨루

1998년생으로 형제들 중 맏형이며,
마포호 컬리션의 첫 번째 우두머리였다.
어느 프라이드 출신인지는 확실치 않고,
2002년 스파르타 프라이드에 합류했다.
매우 덩치가 크고 위엄 있는 수사자였다.
용맹하고 지혜로운 지도자였으며,
동생들을 잘 이끌었다.
'빅 막(Big Mak)'이란 애칭으로 불리곤 했다.

Dreadocks

★ 드레드락
2001년 중순에 태어난 것으로 보인다.
몹시 탐스럽고 짙은 갈기를 지녔으며,
마쿨루보다 더 거대한 수사자였다.
2010년에는 노쇠한 마쿨루 대신
마포호 컬리션의 두 번째 우두머리가 되었다.
위풍당당한 모습 때문에
'괴수(Beast)'라고 불리기도 했다.

Pretty Boy

★ 프리티보이
2001년 초에 태어났으며
라스타와 쌍둥이 형제다.
이름대로 황금빛 갈기와 날렵한 몸매를
가진 매우 멋진 수사자였다.
마포호 형제들 중에는 덩치가
작은 편이었지만,
용감하고 헌신적이었다.
말년에는 여러 차례 큰 부상을 입었지만,
끝내 살아남았다.
때문에 '불사조(Phoenix)'라는
멋진 별명을 얻었다.

Rasta

★ 라스타
2001년 초에 태어난 것으로 보이며,
프리티보이와 쌍둥이 형제다.
형제들 중 두드러진 활약을
보이진 않았지만,
덩치도 크고 호전적인 준수한 개체였다.
붉은빛이 감도는 털 때문에
'레드(Red)'라는 별명을 가졌다.

Kinky Tail

★ 킨키테일
2001년 말이나 2002년 초에 태어났으며
미스터티와 쌍둥이 형제다.
막내였음에도 막강한 마포호 형제들 중
가장 용맹한 수사자였다.
평소에는 조용한 편이지만
전투에서는 무섭게 돌변하는 전사였다.
덩치는 크지 않았지만 우람한 어깨 근육과
거대한 송곳니의 소유자이기도 했다.
줄루족 사람들은 옛 영웅 '샤카(Shaka)'의
이름을 그에게 붙여 줬다.

Mr. T

★ 미스터티
2001년 말이나 2002년 초에 태어난
킨키테일의 쌍둥이 형제다.
호리호리하고 민첩한 인상에
T자 모양의 독특한 갈기를 지녔다.
사납고 잔인한 마포호 컬리션에서도
가장 사악한 개체였다.
뛰어난 전사인 동시에
집요한 추적자이자 처형 집행자였다.
엄청난 야심과 왕성한 활동력의 소유자로
형제들 사이에서도 분란을 일으키곤 했다.
그의 별명은 '사탄(Satan)'이었다.

마포호
연대기

1998
10월(추정)
마쿨루 탄생

2001
초(추정)
라스타, 프리티보이 탄생
중(추정)
드레드락 탄생
말(추정)
킨키테일, 미스터티 탄생

2002
마쿨루가 스파르타
프라이드에 합류

2004
마지막
웨스트스트리트
수사자 사망

2013
1월
마쿨루 실종

2012
2월
마포호 컬리션이 셀라티 컬리션 격퇴
3월 16일
미스터티가 셀라티 컬리션에게 피살,
마쿨루와 프리티보이 망명 시작
7월
마포호 컬리션이 크루커 컬리션에게 패배
12월
프리티보이 실종

2005
말
마포호 컬리션
방랑 시작

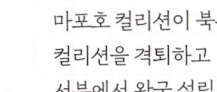

2006
3월(추정)
마포호 컬리션이 북부 컬리션을 격퇴하고 서부에서 왕국 설립

2007
중
마포호 컬리션이 사비샌드 중부와 서부 통일

12월
마포호 컬리션의 은쿠후마 프라이드 공격 시작

2008
하반기
마포호 컬리션의 동서 분열

2009
1월
동마포호 컬리션이 마니엘레티 컬리션 격퇴

5월
동마포호 컬리션이 스파르타 컬리션 격퇴

6월
동마포호 컬리션이 툴론 컬리션 격퇴

12월
동마포호 컬리션이 골프코스 컬리션 격퇴
동마포호 컬리션이 기지마 컬리션 격퇴

2010
1월(추정)
마징길라니 컬리션이 사비샌드 동부에 잠입

3월
마팀바 컬리션이 마니엘레티 지역에 출현

6월 8일
동마포호와 마징길라니의 전투에서 마징길라니 막내와 킨키테일 전사

7월
마포호 컬리션의 동부 원정

7~8월
라스타, 드레드락 실종

9월
미스터티가 마포호 컬리션의 새 지도자로 등극

말
미스터티가 서마포호 컬리션 영토로 망명, 마포호 컬리션 재통합

사비샌드의 컬리션

★ 마포호 컬리션(Mapogo Coalition)
웨스트스트리트 컬리션과 스파르타 프라이드의 자식들로,
2006년부터 2012년까지 사비샌드를 지배했던 여섯 마리 수사자들이다.
사비샌드 역사상 가장 넓은 영토를 차지했으며,
그 과정에서 수많은 사자들을 해쳤던 공포스러운 집단이다.
훗날 동서로 분열되었다.

★ 웨스트스트리트 컬리션
(West Street Coalition)
크루거 국립공원에서 건너온 다섯 마리 수사자들로,
1990년대 말부터 2000년대 초까지 말라말라 지역을 지배했다.
대부분 1990년생으로 알려졌다.
스파르타 프라이드와의 사이에서 마포호 형제들과 세 암사자를 낳았다.

★ 스플릿록 컬리션
(Split Rock Coalition)
1994년생 수사자 두 마리로 구성되었다.
2002년 이후 말라말라 서북부에 자리를 잡고 웨스트스트리트 컬리션과 대립했다.
웨스트스트리트 컬리션이 몰락한 후로는 젊은 마포호 컬리션을 핍박하기도 했다.

★ 북부 컬리션(Northern Coalition)
2000년대 초중반 사비샌드 서북부를 지배했던 네 마리 수사자들.
2006년 마포호 컬리션에 패해 쫓겨났다.
마포호는 이 컬리션을 몰아냄으로써 왕국의 기틀을 세웠다.

★ 롤러코스터 컬리션
(Roller Coaster Coalition)
웨스트스트리트 컬리션과 시뭉위 프라이드의 자식들로 마포호의 이복형들이다.
원래는 여섯 마리였지만, 2006년에는 두 마리,
2007년에는 한 마리로 줄어들었다.
2006년부터 스파르타 프라이드를 지배했다.
마지막 사자는 찰랄라 프라이드 출신의 젊은 수사자와 연합해 동마포호 컬리션에 맞섰다.

★ 마징길라니 컬리션
(Majingilane Coalition)
2004년 말쯤에 크루거국립공원에서 태어난 것으로 알려진 다섯 마리 수사자들.
2010년 초 사비샌드 동부에 흘러든 것으로 알려졌다.
마포호 컬리션의 쇠퇴에 가장 큰 역할을 한 수사자들이다.

★ 셀라티 컬리션(Selati Coalition)
사비샌드 남부 출신의 네 마리 수사자들.
2007년 말쯤에 셀라티 프라이드에서 태어난 것으로 알려졌다.
마포호 컬리션의 몰락에 결정적인 역할을 했으며, 그 후 마징길라니 컬리션과 대립했다.

★ 마팀바 컬리션(Matimba Coalition)
2006년 말쯤에 태어난 여섯 마리 수사자들로,
2010년 3월 이후 마니엘레티를 차지하고 마징길라니 컬리션을 압박했다.

사비샌드의 프라이드

★ 스파르타 프라이드(Sparta Pride)
사비샌드 동부를 대표하는 유서 깊은 대형 프라이드다.
마포호 컬리션의 출신 프라이드로, 그들의 어미와 누이 들로 구성되었다.
웨스트스트리트 컬리션에 이어 롤러코스터 컬리션의 지배를 받았다.

★ 찰랄라 프라이드(Tsalala Pride)
스플릿록 컬리션과 동마포호 컬리션의 지배를 받았다.
동마포호 형제는 이 프라이드의 우두머리 암사자를 가장 신임했다.

★ 스틱스 프라이드(Styx Pride)
말라말라 지역 북부에 위치한 중형 프라이드다.
스플릿록, 롤러코스터, 동마포호 컬리션의 지배를 받았다.
가장 많은 풍파를 겪은 프라이드이다.

★ 오타와 프라이드(Orhawa Pride)
사비샌드 서북부에 위치한 중형 프라이드다.
마포호 컬리션이 처음으로 지배한 프라이드기도 하다.

★ 시뭉위 프라이드(Ximungwe Pride)
사비샌드 서부를 대표하는 대형 프라이드로 역사 또한 매우 길다.
그러나 마포호 컬리션에게 정복당하는 과정에서 많은 개체를 잃었다.
마포호의 분열 후에는 서마포호 컬리션의 핵심 프라이드가 되었으며,
마포호 컬리션의 마지막을 함께 했던 프라이드기도 하다.

★ 은쿠후마 프라이드(Nkuhuma Pride)
사비샌드 북부를 대표하는 전통적인 대형 프라이드다.
그러나 마포호 컬리션의 공격으로 우두머리 수사자를 잃고 마니엘레티까지 망명했다.
그 후 몇 차례 귀향을 시도했으나, 동마포호 때문에 번번이 실패했다.
암사자들은 마포호가 완전히 몰락한 후에야 귀향할 수 있었다.

★ 셀라티 프라이드(Selati Pride)
사비샌드 남부의 오래된 강자.
일반적으로 남부(Southern) 프라이드라 부를 정도로 대표적인 프라이드다.
늙은 마포호 컬리션과 대립했던 셀라티 컬리션을 배출했다.

- ◆ 컬리션Coalition: 수사자 무리
- ◆ 프라이드Pride: 사자 무리

SCENE 1
유년기

제왕의 탄생

프라이드와 컬리션

사자들은 굉장히 독특한 생물체입니다.
고양잇과 동물 중 유일하게 무리 생활을 하는 녀석들이기 때문이죠.

보통 사자 무리를 가리켜 프라이드(pride)라 부릅니다.
이건 꽤 많이 알려진 상식이죠.
그런데 이 흔한 상식에는 사람들이 쉽게 놓치는 중요한 사실이 하나 숨어 있습니다.
우리가 '사자' 하면 가장 먼저 떠올리는,
풍성한 갈기를 바람에 휘날리는,
그 멋진 녀석,
성체 수사자는 원래 프라이드에 포함되지 않는다는 것이죠.

프라이드는 철저한 모계 중심입니다.
쉽게 말하자면, 어미들 즉 성체 암사자들과 그 자식들로 구성되죠.

사자들은 두세 살이 되면 사춘기를 맞이합니다.
인간으로 치면 십 대 후반이라 할 수 있을 텐데,
어른도 아니고 아이도 아닌 과도기인 셈이죠.
이를 가리켜 '아성체'라는 표현을 씁니다.

★ 프라이드(pride)

고양잇과에서 유일한 사회적 동물인 사자 무리를 일컫는 말이다. 프라이드는 철저하게 혈연에 기반하므로 사자 가족이라 불러도 무방하며, 새끼사자와 아성체 사자 들, 그리고 그들의 부모인 수사자와 암사자 들이 존재한다. 그러나 프라이드의 핵심은 어디까지나 성체 암사자들이다. 일반적으로 프라이드는 셋에서 다섯 마리의 암사자 들로 이루어지지만, 여섯 마리 이상의 대형 프라이드와 한두 마리의 소형 프라이드도 얼마든지 존재한다.

엄밀히 말해, 수사자는 프라이드에 소속된다고 볼 수 없다. 수사자들은 자기 유전자를 퍼트리기 위해 프라이드에 머무는 정복자 내지 손님 같은 존재일 뿐이다. 새끼사자와 아성체 들의 수는 물론 상황에 따라 몹시 유동적이다. 열 마리가 넘는 경우도 있지만, 단 한 마리도 없는 경우도 있다.

아성체 시기가 끝날 무렵, 암사자들과 수사자들의 운명이 갈립니다.
암사자들은 프라이드에 남습니다.
어미들을 도와 사냥을 하고 동생들도 돌보며 자식들을 낳고,
그 프라이드의 소중한 구성원으로서 일생을 보내는 것이죠.

반면, 수사자들은 본격적으로 험난한 여정을 시작합니다.
프라이드에서 추방되는 것이죠.
이는 그들의 아비인 우두머리 수사자들이,
아무리 아들이라 해도 권력을 함께 나누려 하지 않기 때문입니다.
특히 아들들이 암사자들과 짝짓기할까 봐 극도로 경계하죠.

아들들은 성체가 되기 직전 아비들에 의해 쫓겨나곤 합니다.
이것은 아비 세대와 아들 세대의 단순한 권력 다툼을 넘어,
근친상간으로 인한 열성 인자의 유전을 사전에 방지하려는
놀라운 자연의 섭리일 수도 있습니다.

수사자들은 대개 세 살쯤에 출신 프라이드를 떠나 방랑을 시작하죠.
이때가 수사자의 삶에서 가장 위험한 고비입니다.
아직 근력도 다 형성되지 못하고 사냥과 싸움 기술도 미숙한 상태에서
느닷없이 부모라는 든든한 보호막이 사라졌기 때문입니다.

★ 사자들의 삶

새끼사자

새끼사자들은 태어난 후 한동안 어미와 함께 은신처에서 조용히 지낸다. 태어나자마자 무리에 합류하면 예상치 못한 사고가 일어날 수도 있으므로, 어미는 가족들에게 새끼사자들의 존재를 숨긴다. 처음에는 물론 어미의 젖만 먹지만, 두세 달 정도 지나면 고기도 먹을 수 있게 된다. 그때쯤 어미는 비로소 새끼사자들을 가족에게 데려간다. 이때 새끼사자들은 아비, 이모, 사촌 형제 들과 처음 만난다. 그 후 어미와 이모들의 보살핌을 받으며 자란다.

아성체 사자

보통 한 살부터 서너 살까지를 아성체 시기라 부른다. 새끼와 성체 사이의 과도기이며, 사춘기라 할 수도 있다. 아성체 시기는 사자들의 삶에서 가장 중요한 시기다. 이때 사교, 순찰, 사냥, 전투 등 앞으로 필요할 모든 것들에 대한 학습이 이루어진다.

두 살쯤 되면 서서히 2차 성징이 나타나기 시작한다. 수사자는 갈기가 나기 시작하고 상체부터 발달한다. 암사자는 동작이 민첩해지고 하체가 더 발달한다. 수사자는 전사로서, 암사자는 사냥꾼으로서의 재능이 각자 특화되는 것이다. 갈기는 갑옷과 같다. 사냥할 때에는 거추장스러울 뿐이지만, 싸움할 때에는 목덜미의 급소를 보호해 준다. 따라서 수사자만 갈기가 자란다.

2차 성징이 뚜렷해지면서, 부모들의 교육도 차별화되기 시작된다. 수컷들은 아비들의 영토 순찰에 동행하며 전투 기술을 배운다. 반면 암컷들은 어미들의 사냥을 돕거나 어린 동생들을 돌보며 장차 프라이드의 안주인이 될 준비를 한다.

아성체 시기는 위험한 시기이기도 하다. 근력, 기술, 경험이 턱없이 부족한 데 반해 호기심이 왕성하고 충동적이므로, 갖은 사건 사고에 휘말려 목숨을 잃곤 한다. 새끼사자들 중 약 1/4 정도만이 이 시기를 무사히 넘기고 성체로 자라난다.

수사자

사자들은 보통 세 살 반이나 네 살쯤 성체가 된다. 그리고 이때부터 수컷과 암컷의 삶이 확연히 달라진다. 수사자들은 거의 아비들에 의해 무리에서 추방당한다. 이는 근친 간의 교미를 미연에 방지하려는 자연의 섭리다. 추방된 수사자들은 한동안 방랑 생활을 하는데, 이때 수많은 젊은 수사자들이 목숨을 잃는다. 사냥과 전투 기술이 모두 미숙하기 때문이다.

수사자들은 함께 추방당한 형제들과 함께 무리 지어 다닌다. 이를 '컬리션'이라 부른다. 수사자의 삶은 소속된 컬리션의 규모에 따라 크게 좌우되므로, 대형 프라이드 출신일수록 유리하다.

수사자들은 되도록 빨리 가족을 만들어 방랑 생활을 청산하려 한다. 그러기 위해서는 프라이드를 차지해야 한다. 그러나 쉽지 않은 일이다. 대부분의 프라이드는 이미 다른 컬리션 소유기 때문이다. 따라서 컬리션들의 치열한 전투가 벌어지곤 한다. 패하면 떠나야 하거나 목숨을 잃는다. 그러나 승리하면 비로소 프라이드를 차지하고 가족을 꾸릴 수 있다.

프라이드를 차지하면 암사자들의 도움을 받아 안정된 생활을 할 수 있다. 그러나 그들이 흔한 편견처럼 게으르기만 한 것은 아니다. 수사자들은 암사자들이 사냥을 나간 동안 자식들을 보호하고, 때로는 암사자들의 사냥을 직접 거들기도 한다. 하지만 수사자들의 주요 임무는 가족의 안전을 보장하는 것이다. 그들은 늘 한가롭게 어슬렁거리는 것처럼 보이지만, 사실은 부지런히 영토를 순찰하는 것이다. 그들은 낯선 수사자는 물론, 하이에나나 표범 같은 경쟁적인 포식자들의 존재를 꾸준히 점검하며 위협을 사전에 차단하려 애쓴다. 수사자의 존재 여부에 따라 프라이드의 안전과 역량은 크게 달라진다.

그러나 대부분의 수사자들은 끝이 좋지 못하다. 가족들 곁에서 평화롭게 눈을 감는 수사자는 거의 없다. 노쇠화가 시작되면 다른 젊은 수사자들에 의해 죽임을 당하거나 쫓겨나는 것이 일반적이다. 쫓겨난 늙은 수사자들은 사냥을 하지 못해 곧 굶어 죽곤 한다. 수사자들이 암사자들보다 평균 수명이 훨씬 짧은 것은 이 때문이다.

암사자

성체가 되면 가족을 떠나 방랑을 시작하는 수사자들과 달리, 대부분의 암사자들은 태어난 프라이드에 영원히 머문다. 어미들의 보살핌을 받다가 스스로도 어미가 되고, 또 딸들이 어미가 되는 것을 지켜보며 평생을 보내는 것이다. 프라이드는 철저한 모계 사회다. 수사자들의 컬리션이 일세를 풍미한 후 덧없이 사라지는 것과 달리, 프라이드는 암사자들에 의해 딸에서 딸로 대를 이어 오랫동안 지속된다.

암사자들의 가임기는 서너 살부터 시작되어 열한두 살쯤에 끝난다. 따라서 하나의 프라이드에는 할머니, 어머니, 딸의 3대에 걸친 암사자들이 공존하는 경우도 많다. 암사자들의 모성애는 몹시 강한데, 사자 특유의 사회성이 반영되어 있어 매우 흥미롭다. 암사자들은 공동육아를 한다. 자식, 조카, 동생, 손주를 가리지 않고 새끼들을 함께 돌보며, 심지어 젖까지 함께 나누어 먹인다. 수사자들이 컬리션 결성으로 사회성을 드러낸다면, 암사자들은 공동육아를 통해 사회성을 한껏 뽐낸다.

암사자들의 사회성이 가장 놀라운 점은 늙은 어미를 봉양할 줄 안다는 것이다. 거의 모든 고양잇과 맹수들은 늙어서 사냥이 불가능해지면 곧 굶어죽는데, 암사자들만은 예외다. 늙은 암사자들은 딸들이 사냥에 나서면, 본거지에 남아 손주들을 보살핀다. 그리고 딸들이 잡은 먹이를 함께 먹는다. 따라서 암사자들의 평균 수명은 열네댓 살로, 수사자는 물론 다른 고양잇과보다 훨씬 높다.

이 험난한 시기에 가장 소중한 것은 바로 동료입니다.
대부분 수사자들은 혼자 돌아다니지 않습니다.
형제나 사촌끼리 함께 무리를 지어 다니죠.
그들은 힘을 합침으로써 생존 확률을 높이고
권력에 보다 쉽게 도달합니다.

이런 수사자 무리를 가리켜 컬리션(coalition)이라 하죠.
컬리션은 '연합정부, 연정'이라는 뜻을 지닌 영단어입니다.
이는 서양 사람들이 수사자에게
어떤 위상을 갖고 있는지를 잘 보여 줍니다.
수사자 하나하나를 모두 잠재적인 왕으로 보는 것이죠.

모든 수사자들이 왕이 될 자격을 가진 건 사실입니다.
하지만 그들 모두가 왕국을 세우고 왕위에 오르는 건 아니죠.
수사자들은 컬리션을 결성해 서로 치열한 경쟁을 벌입니다.
그들의 경쟁은 프라이드 정복이라는 양상을 띠죠.

경쟁에서 승리한 수사자들은 프라이드의 지배권을 장악합니다.
그러면 프라이드의 암사자들을 아내로 맞아 자식을 볼 수 있고,
그 프라이드의 영역을 자신들의 영토로 삼을 수 있죠.

가족과 영토, 이 두 가지는 사자 왕국의 필수 요소입니다.
그런데 하나의 컬리션이
반드시 하나의 프라이드만 차지하는 건 아닙니다.
두 개 이상의 프라이드를 지배하는 경우도 있죠.
물론 컬리션을 구성하는 수사자들의 역량이 뛰어나야만 가능하죠.
이렇게 생각하면 간단합니다.
왕들의 역량이 높을수록 왕국의 규모도 커지는 법이죠.

이제부터 제가 소개하려는 수사자들은
차라리 제국이라 부르는 것이 어울릴 정도로,
역사상 가장 넓은 사자 왕국을 건설했던,
압도적으로 위대하고 압도적으로 찬란했던 컬리션입니다.

그 컬리션의 이름은 '마포호(Mapogo)'.
2006년부터 2012년 초에 걸쳐,
남아프리카공화국 '사비샌드(Sabi Sands)'의 동물들을 공포에 떨게 했던,
무시무시한 여섯 마리 수사자들이죠.
그들은 오랜 시간에 걸쳐 엄청나게 넓은 영토를 다스렸으므로,
그야말로 전설로 남았습니다.

마포호는 사비샌드의 원주민 줄루족의 언어로, '악당'이란 뜻입니다.
이제부터 악당들의 위대한 전설이 시작됩니다.

왕들의 부모

남아프리카공화국의 사비샌드는 동물 보호구역의 하나입니다.
세계에서 가장 큰 야생동물 보호구역인 크루거 국립공원(Kruger National Park)의
왼쪽에 위치하지요.
그리고 사비샌드 동부에는 '말라말라(Mala Mala)'라는 지역이 있습니다.
마포호 이야기는 이 말라말라에서 시작됩니다.

새천년이 시작될 무렵,
말라말라의 지배자는 '웨스트스트리트(West Street)'라는 컬리션이었습니다.
그들은 다섯 마리의 강력한 수사자들로 구성된 대형 컬리션이었죠.

컬리션은 두세 마리 수사자로 이루어지는 게 일반적입니다.
네 마리 이상의 수사자로 이루어진 컬리션도 흔치 않습니다.
개체수가 넷을 넘을 경우 먹이나 짝짓기의 경쟁이 너무 심해지기 때문이죠.

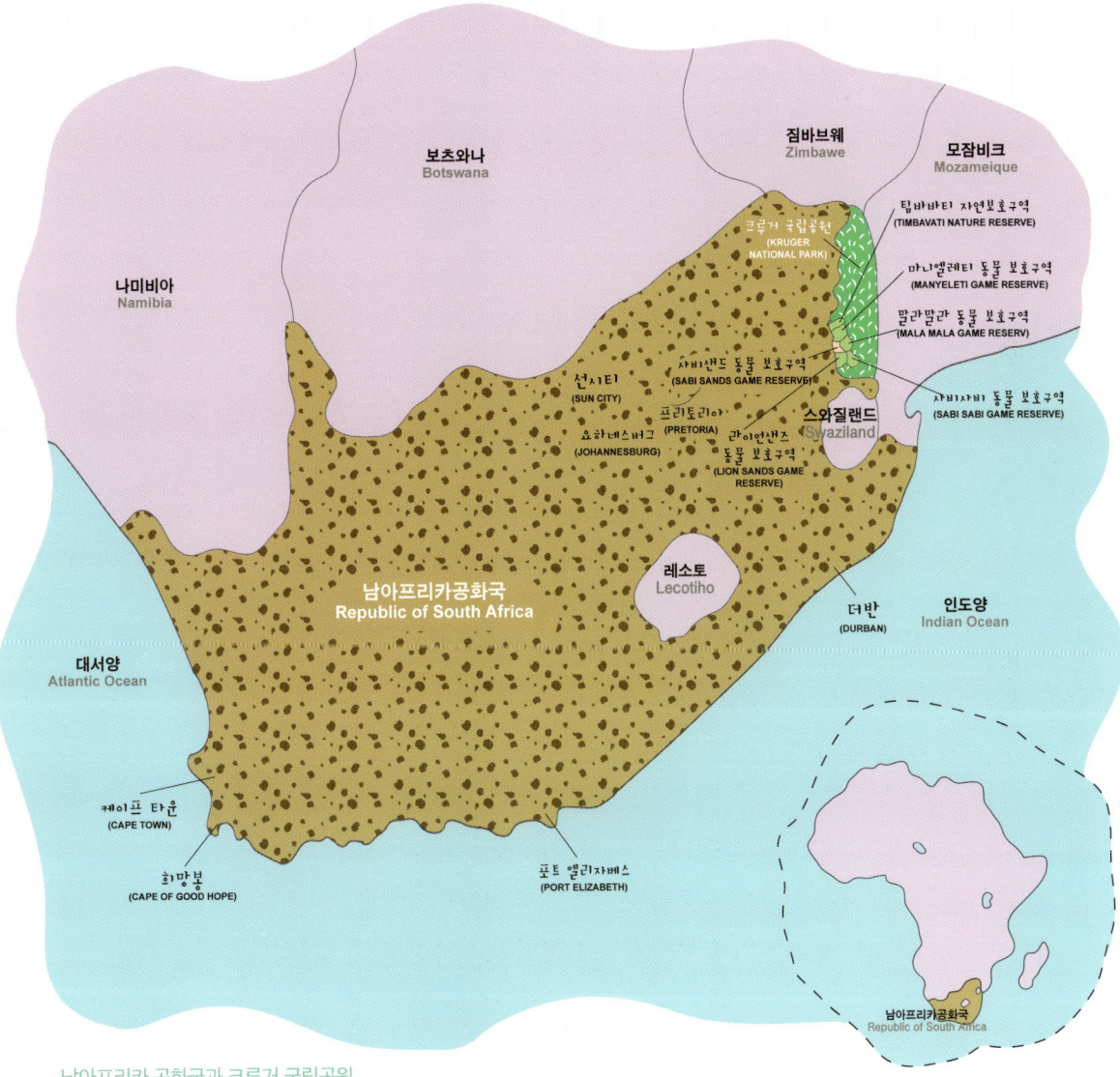

남아프리카 공화국과 크루거 국립공원

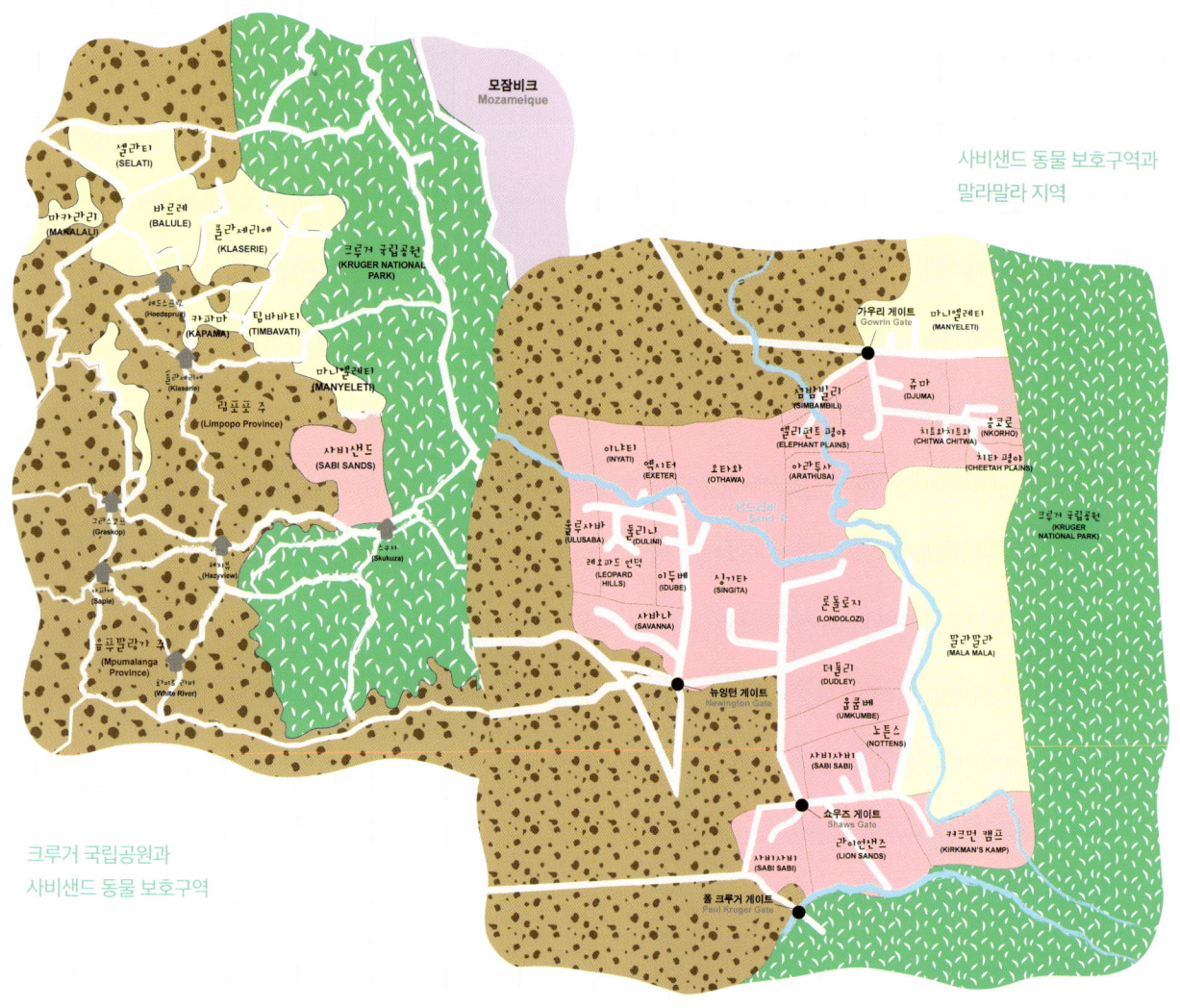

그러나 웨스트스트리트 컬리션의 숫자는 무려 다섯이었습니다.
그런데 그들은 단지 숫자만 많은 것이 아니라,
하나하나가 모두 골격이 크고 용맹한 사자들이었습니다.
수적으로 우세하고 기량이 탁월한 이 사자들 앞에,
다른 수사자들은 한동안 꼬리를 내리고 숨죽이며 지낼 수밖에 없었죠.

1996년 초쯤 웨스트스트리트 컬리션은
크루거 국립공원에서 말라말라 지역으로 넘어왔습니다.
그들이 크루거 국립공원을 떠나온 정확한 이유는 모르겠지만,
당시 그들은 대여섯 살의 한창 나이였고,
자기들만의 왕국을 세우려는 야심에 흠뻑 젖어 있던 것만은 분명합니다.

웨스트스트리트 컬리션은 말라말라 지역을 발칵 뒤집어 놨습니다.
그들이 일으킨 거센 피바람은 약 1년 반이 지난 후에야
간신히 잦아들었죠.
말라말라의 땅은 대부분 그들의 영토가 되었고,
대개의 암사자들은 그들의 아내가 되었습니다.
웨스트스트리트 왕국이 성립된 것이죠.

그런데 1997년에서 1998년으로 넘어가던 무렵,

아직도 그들의 왕국에 편입되지 않은 프라이드가 하나 있었습니다.
'스파르타(Sparta)'라는 이름의 프라이드였죠.
스파르타는 말라말라 지역에서 가장 강력한 프라이드였습니다.
보통 프라이드는 둘 내지 서너 마리 암사자들로 구성되는 데 비해,
스파르타는 일곱 마리로 구성된 큰 프라이드였죠.
그래서 웨스트스트리트 컬리션에게 쉽게 굴복하지 않았던 것 같습니다.

스파르타 프라이드 암사자들에게는 믿는 구석이 또 하나 있었습니다.
'찰랄라판(Tsalala Pan)' 컬리션이라는 강력한 수사자들의 보호를 받고 있었던 것이죠.
찰랄라판 컬리션은 단 두 마리뿐이지만,
오랜 세월 패배를 모르고 지낸 용사들이었습니다.
그 때문에 단둘이서 스파르타 프라이드를 손에 넣을 수 있었겠죠.
그러나 무자비하고 야심만만한 웨스트스트리트 수사자들은
자기네 영토 안에 있는 이 독립국의 존재를 용납하려 들지 않았습니다.
어느 날 밤, 말라말라 지역 관리인들 귀에
익숙한 사자들의 우렁찬 포효가 들려왔습니다.
근처를 지배하는 찰랄라판 수사자들이었죠.

그런데 다른 여러 마리 사자들이 그에 맞서 포효하기 시작했습니다.
이어서 두 무리의 울부짖는 소리가 점점 가까워지는가 싶더니,

언제부턴가 지옥에서 들려오는 듯한 분노의 함성으로 바뀌었습니다.

이튿날 아침,
밤새 두려움에 떨던 관리인들이 현장에 도착해 보니,
낯선 수사자 다섯 마리가 나란히 누워 휴식을 취하고 있었습니다.
그들 곁에는 어제까지 그곳을 지배했던 두 수사자의 시체가 널브러져 있었죠.

얼마간의 휴식을 끝낸 낯선 수사자들이 이윽고 자리를 떴습니다.
어젯밤까지 왕이었던 두 수사자의 주검을 남겨둔 채로.
그 주검들은 악어나 하이에나 들이 알아서 처리했을 테죠.

찰랄라판 수사자들은 그렇게 역사 속으로 사라졌습니다.
그 대신 새로운 시대가 시작되었죠.
말라말라 통일을 완성한 웨스트스트리트 컬리션의 시대가.

며칠 후, 스파르타 암사자들은
웨스트스트리트 수사자들을 새 남편으로 맞아들였죠.
막상 웨스트스트리트 컬리션의 지배를 받아들이고 나자,
스파르타 암사자들은 그들의 가장 큰 신임을 받는 프라이드가 되었습니다.
워낙 그 일대에서 가장 뛰어난 프라이드였기 때문이죠.

익히 알려진 바와 같이, 수사자들은 전투를, 암사자들은 사냥을 담당합니다.
그리고 웨스트스트리트 수사자들이 탁월한 전사들이었던 것과 마찬가지로,
스파르타 암사자들 또한 최고의 사냥꾼들이었죠.

흔히 사자는 닥치는 대로 잡아먹는다고 알려져 있지만,
사실은 무리의 규모와 역량에 따라 사냥감에 많은 차이가 납니다.
작은 프라이드는 영양이나 얼룩말처럼 비교적 작은 초식동물들을 사냥합니다.
버펄로나 기린 같은 커다란 몸집의 동물들은
강력하고 규모가 큰 프라이드나 노릴 수 있는 사냥감이죠.
사냥에 성공하면 배불리 먹을 수 있는 대신 너무 위험하기 때문입니다.

버펄로는 오히려 사자를 죽이기도 합니다.
그래서 사자 킬러라 불리기도 하죠.

그런데 기린은 버펄로보다 더 무서운 먹잇감입니다.
수많은 사자들이 기린의 강력한 뒷발차기에 두개골이 깨져 목숨을 잃었죠.
하지만 스파르타 암사자들은 버펄로와 기린을 주로 노리는
진정한 사냥꾼들이었습니다.
다음 영상★은 스파르타 프라이드가 기린을 잡는 모습입니다.
(결정타를 가하는 수사자는 웨스트스트리트 사자입니다.)

40

무시무시한 웨스트스트리트 수사자들과 탁월한 스파르타 암사자들.
그들이 바로 마포호 형제의 아버지와 어머니 들이었습니다.

★ 기린을 사냥하는
스파르타 프라이드

신비로운 사자 마쿨루

대한민국이 월드컵 열기로 한껏 뜨겁게 달아올랐던 2002년,
말라말라의 스파르타 프라이드는 여덟 마리의 자식들을 키우고 있었죠.
그중 다섯이 수컷이었습니다.
그들은 '드레드락, 라스타, 프리티보이, 킨키테일, 미스터티'라는 이름을 가졌죠.
바로 위대한 마포호 형제들인 것입니다.

나이 차는 약간 있있습니다.
드레드락, 라스타, 프리티보이는 이제 한 살을 조금 넘겼고,
그들보다도 어린 킨키테일과 미스터티는 아직 아기였죠.
또한 킨키테일과 미스터티는 한 어미의 배에서 나온 쌍둥이였습니다.
막내 쌍둥이의 우애는 매우 깊었습니다.
그들은 한시도 떨어지려 하지 않았고, 마치 한 몸처럼 붙어 다녔죠.
형들과 장난칠 때도, 어미젖을 빨 때도, 곤히 잠들 때도
그들은 언제나 함께였습니다.

이 귀여운 막내들이 훗날 사비샌드를 그토록 진한 핏빛으로 물들일 줄은 아무도 짐작조차 할 수 없었죠.

사비샌드에서 가장 뛰어난 부모에게서 태어난 이 다섯 형제에게는
그야말로 아무런 걱정도 없을 것처럼 보였습니다.
하지만 웨스트스트리트 컬리션은 한창 내리막길을 걷고 있었죠.
2000년에 접어들며 다섯 왕들은 모두 열 살을 넘겼고,
그들의 노쇠 현상은 나날이 뚜렷해졌습니다.
사자들에게 열 살은 상당히 많은 나이기 때문이죠.

이 무렵 여러 젊은 컬리션들이 그들의 패권에 도전해 오기 시작했습니다.
웨스트스트리트 컬리션은 그 빛나는 이름에 걸맞게 용감히 맞섰지만,
역부족이었습니다.

약 2년 동안 그들의 영토는 반 이상 줄어들었고,
한때 거느렸던 그 많은 프라이드들도 기의 떨이져 니갔습니디.
스파르타 프라이드는 그들에게 남은 최후의 보루였죠.

그러나 상황은 꾸준히 악화되고 있었습니다.
무엇보다 웨스트스트리트 컬리션의 개체수가 줄어들었죠.
젊은 적들과의 치열한 전투가 거듭되는 가운데,
늙은 사자들이 하나둘 사라진 것입니다.

이처럼 풍전등화의 기로에 놓인 가운데,
모처럼 평화롭던 어느 날이었습니다.
어린 다섯 형제가 어미들 곁에서 한가로운 한때를 보내고 있을 때,
낯선 사자 한 마리가 천천히 다가왔습니다.
네 살 정도 되어 보이는 아주 젊은 수사자였습니다.

이것은 결코 좋은 징조가 아니었습니다.
떠돌이 수사자들은 프라이드를 습격해서
새끼사자들을 죽이곤 하기 때문이죠.
따라서 사자들은 낯선 수사자를 발견하면 먼저 공격해서 내쫓거나 죽이곤 합니다.
마침 그 자리에는 형제들의 아버지이자 그 일대의 지배자인
웨스트스트리트 수사자 둘이 있었습니다.
그들은 가만히 낯선 수사자가 다가오는 모습을 주시하고 있었죠.
그 현장을 목격한 사람들은 젊은 수사자가 받게 될 잔인한 공격을 생각하며
벌써부터 몸을 떨었습니다.

그러나 이 당연하고 일반적인 예상은 보기 좋게 빗나가고 말았습니다.
낯선 수사자는 다섯 형제의 부모가 지켜보는 가운데
천연덕스럽게 다가갔던 것입니다.
참으로 이상한 일이었죠.

★ 웨스트스트리트 수사자와
스파르타 암사자
(마포호 형제들의 부모)

그런데 더 이상한 건 다섯 형제의 부모였습니다.
스파르타 암사자들은 물론 웨스트스트리트 수사자들까지
그 젊은 수사자의 합류가 당연한 듯 담담히 지켜보기만 했죠.
심지어 젊은 수사자가 자기네 자식들과 어울리는 모습을 바라보며
꾸벅꾸벅 졸기 시작했습니다.
낯선 수사자는 드레드락, 라스타, 프리티보이 곁에
태연히 몸을 눕히고 휴식을 취했습니다.
그러자 어린 킨키테일과 미스터티도 다가와
낯선 수사자에게 몸을 부비고 놀았습니다.

이게 대체 어떻게 된 일일까요?
아마도 그 수사자는 다섯 형제의 이복형으로 보입니다.
한때 웨스트스트리트 수사자들이 거느렸던
다른 프라이드 암사자가 낳은 아들이라는 것이죠.

웨스트스트리트 컬리션이 내리막길을 걷기 시작한 후로,
여러 프라이드가 다른 수사자들의 손아귀에 들어가는 과정에서
많은 자식들이 죽임을 당하거나 도망치는 비극을 겪었습니다.
이 젊은 수사자 또한 그때 간신히 달아나 목숨을 건진 듯 싶습니다.
그리고 한동안 고달픈 방랑 생활을 한 끝에,

결국 아비들을 찾아 스파르타 프라이드를 찾아온 것이겠죠.
이 젊은 사자가 정확히 어느 프라이드 출신인지는 알 수 없습니다.
스틱스(Styx)라는 설도 있고, 오타와(Othawa)라는 설도 있죠.
그 외에 다른 프라이드 설도 물론 있고요.

심지어 웨스트스트리트 수사자들의 친아들이 아니라는 설도 있습니다.
마포호 다섯 형제와는 피 한 방울 섞이지 않았다는 것이죠.
그러나 그럴 가능성은 별로 없다고 생각합니다.
혈연을 중시하는 사자 사회에서 완전히 낯선 개체가 용납되는 경우는 극히 드물며,
그 후로도 동생들은 오랫동안 그를 형으로 대했기 때문이죠.

하지만 이는 전부 다 추측일 뿐입니다.
확실한 건 하나도 없죠.
그가 정확히 몇 살인지, 어느 프라이드 출신인지,
정말 웨스트스트리트 자손이 맞는지
어떤 것도 알 수 없습니다.

그는 어느 날 갑자기 하늘에서 뚝 떨어지듯 나타났습니다.
그리고 가족이 되었죠.
정말 수수께끼 같은 사자였습니다.

이 신비로운 젊은 수사자는 덩치가 매우 컸습니다.
하지만 새로운 가족들 앞에서 결코 난폭한 모습을 보이지 않았죠.
아버지들은 물론 새어머니들에게도 공손하게 굴었고,
다섯 동생들에게는 늘 다정한 형이었습니다.
인상적인 첫 만남 이후,
어린 동생들도 마치 예전부터 함께 지냈던 것처럼 그를 잘 따랐습니다.

이 덩치 큰, 새로운 수사자에게는 마쿨루(Makhulu)라는 이름이 붙었습니다.
줄루족의 언어로 '큰' 또는 '위대한'이라는 뜻이죠.
그는 여섯 번째 마포호 사자이자 첫 번째 마포호 사자기도 합니다.
가장 늦게 합류했지만, 장차 다섯 동생들의 훌륭한 리더가 되어
'강력한 마포호'의 믿기 힘든 전설을 써내려 갔기 때문입니다.
훗날 마쿨루는 그의 위대함을 기리고자 하는 사람들에게
'빅 막(Big Mak)'이라는 애칭으로 불리기도 했죠.
거대한 마쿨루, 빅 막의 합류는
마포호 형제들에게 크나큰 행운이었습니다.

★ 어린 마포호 형제들과 젊은 마쿨루

SCENE 2
방랑기

모험 혹은 시련

왕자들의 성장

다시 한 번 말하지만,
마쿨루의 등장은 매우 큰 행운이었습니다.
장차 형제들에게도 그러했지만,
당장 웨스트스트리트 수사자들에게는 가뭄의 단비 같은 존재가 되었죠.

마쿨루가 합류한 지 얼마 지나지 않아,
웨스트스트리트 컬리션은 스플릿록(Split Rock) 컬리션의 거센 도전을 받습니다.
스플릿록은 두형제로 구성된 작은 컬리션이었습니다.
하지만 그들은 여덟 살의 한창 나이였으며 지극히 용감한 사자들이었죠.
그들은 말라말라 서부의 찰랄라(Tsalala) 프라이드와 북부의 스틱스 프라이드를 장악한 뒤,
동부에 버티고 있던 웨스트스트리트 컬리션에게 끈질기게 도전해 왔죠.

사람으로 치면 환갑을 넘긴 늙은 왕들이
거침없이 달려드는 젊은 도전자들을 감당하는 것은 사실 무리였습니다.
게다가 그들은 숫자마저 두셋으로 줄어 있었죠.
그러나 웨스트스트리트 수사자들에게는 마쿨루가 있었습니다.
이 젊은 수사자는 자신을 받아 준 새 가족에게 보답이라도 하듯
언제나 전쟁터에서 몸을 돌보지 않고 싸웠습니다.

마쿨루가 없었다면 웨스트스트리트 왕국은 2003년 초에 벌써 무너졌을 겁니다.
하지만 그가 합류한 덕분에 1년 넘게 더 버틸 수 있었죠.
이는 마포호 형제가 마음 놓고 성장할 수 있는 소중한 시간이 되었습니다.

늙은 아버지들과 젊은 형이 사력을 다해 버텨 준 덕택에
다섯 형제는 무사히 유년기를 보낼 수 있었습니다.
새끼수사자들은 불과 1/8 정도만이 살아남는다고 합니다.
7/8은 성체가 되기 전에 목숨을 잃고 말죠.
그런 점에서 마포호 다섯 형제는 대단히 운이 좋았습니다.
뛰어난 부모와 좋은 형의 헌신적인 보살핌 덕에 모두 살아남았으니까요.

무럭무럭 자라난 그들은 청소년기에 접어들자,
더욱 강인해졌고 점점 대담해졌죠.
또한 킨키테일과 미스터티의 유대는 더욱 끈끈해졌습니다.
그 둘은 항상 붙어 다녔으며,
마치 한 마리인 것처럼 행동했죠.

재미있는 점은 둘의 성격이 판이하게 달랐다는 사실입니다.
미스터티는 매우 적극적인 성격인 데다
충동적이고 욕심이 많았죠.

그런 성향은 아주 어릴 때부터 나타나기 시작했습니다.
한 살 무렵부터 그는 매사에 뒤처지지 않고 중심에 서고자 했습니다.
어미들이 사냥에 성공했을 때에는
마치 자기가 사냥감을 쓰러트린 것처럼 으스대기도 했죠.
때로는 형들에게 가서 괜히 시비 거는 모습을 보이기도 했고요.

반면 킨키테일은 비교적 과묵한 편이었습니다.
호기심 많고 장난스러운 건 마찬가지였지만 말이죠.
그가 미스터티와 가장 다른 점은 형들과도 꽤 잘 지냈다는 것입니다.
사실 그는 별로 튀고 싶어 하는 성격이 아니었죠.

그러나 예외가 있었습니다.
형들의 장난이 심하거나 먹이를 뺏기거나 해서 심사가 뒤틀리면,
그야말로 미친 듯이 덤벼들었죠.
마치 다른 사자라도 된 것처럼 말입니다.
킨키테일은 스스로 일을 벌이지는 않지만,
막상 무슨 일이 생기면 가장 앞에 나서는 사자로 자라났습니다.

이처럼 다른 성격을 지닌 형제의 조합은 의외로 절묘했습니다.
거의 모든 일은 적극적인 미스터티가 주도했죠.

그런데 항상 그의 뒤에는 킨키테일이 있었습니다.
킨키테일은 얼핏 아무 일도 하지 않는 것처럼 보이지만,
실은 형제들에게 일어나는 모든 일에 관여하고 있었습니다.
그의 곁에는 항상 미스터티가 있었기 때문이죠. 마치 그림자처럼.
이 둘은 늘 한 마리처럼 행동했습니다.

모험의 시작

시간은 쏜살같이 흘러갔고, 왕자들은 빠르게 성장했습니다.
바야흐로 전성기에 돌입한 마쿨루는 덩치가 더욱 우람해졌고,
아버지와 새어머니들을 도와 전투와 사냥에서 당당한 존재감을 과시했죠.
드레드락, 라스타, 프리티보이노 점점 수사사나운 풍모를 갖춰 갔습니다.
킨키테일과 미스터티는 아직 어렸지만,
갈기★가 차츰 자라기 시작했고 골격도 튼튼해졌죠.

그러나 형제들이 그렇게 성장했다는 것은,
바꿔 말하면 그들의 아버지가 늙었다는 이야기기도 합니다.

★ 갈기 — 새끼사자는 성장하면서 수사자에게만 갈기가 생겨난다. 맹수들 가운데 이렇게 암수가 확연히 구분되는 경우는 흔하지 않다.
그 때문에 성장하는 과정에서 2차 성징이 뚜렷해짐으로써 암수가 쉽게 구분된다.

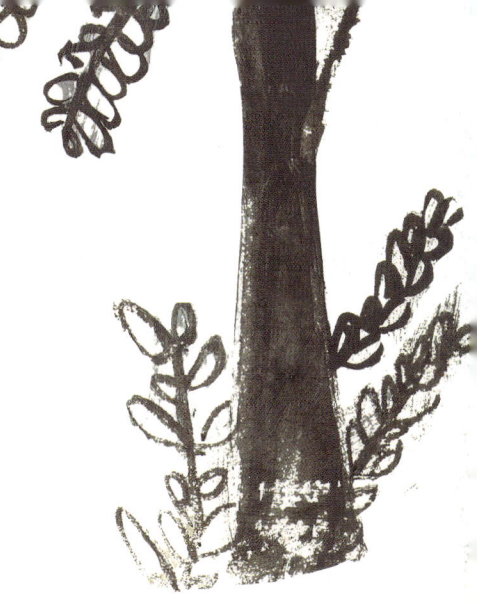

2004년에 접어들 무렵,
형제들의 아버지는 단 한 마리로 줄어 있었죠.
그리고 몇 달 뒤,
그 마지막 웨스트스트리트 수사자마저 눈을 감고 맙니다.
당시 그의 나이는 열넷 내지 열여섯이었다고 하더군요.
그가 어떻게 죽었는지는 정확히 알려져 있지 않습니다.
그러나 늙음을 못 이겨 쓰러져도 이상할 나이는 결코 아니었죠.
웨스트스트리트 수사자들은 충분히 오래 살았습니다.
그리고 커다란 권세와 찬란한 영화를 누렸으니
실로 복된 삶이었습니다.

웨스트스트리트 수사자들이 누린 마지막 큰 축복은 마쿨루의 존재였습니다.
이 믿음직한 맏이 덕분에,
다섯 아들에 대한 근심을 크게 덜고 눈을 감을 수 있었을 테니까요.

반면 마쿨루가 느낀 부담감은 상당히 컸을 것입니다.
이제 그는 가족에서 유일한 성체 수사자였으니까요.
동생들은 비범한 자질을 드러내곤 했지만,
아무래도 아직 어렸죠
한편, 스플릿록 컬리션을 비롯한 다른 수사자들의 침공은 더욱 거세졌습니다.

힘든 시절이 온 것이죠.

마쿨루는 몇 달 동안 혼자 힘으로 새어머니와 동생 들을 보살폈습니다.
또한 앞으로 어찌할 것인가를 고민했죠.
마쿨루는 마침내 결단을 내립니다.
다섯 동생들을 데리고 스파르타 프라이드를 떠난 것이죠.

이는 당연한 선택이었습니다.
마쿨루는 대략 여섯 살로 완연한 성체 수사자였습니다.
네 살 정도 된 드레드락, 라스타, 프리티보이는 성체와 아성체의 과도기에 있었고,
한 살 더 어린 킨키테일과 미스터티도 씩씩한 아성체 사자로 자라났죠.
이제는 모두들 자기 앞가림 정도는 할 수 있을 때가 된 것입니다.
만약 아버지인 웨스트스트리트 수사자들이 살아 있었다 해도,
그들은 아마 추방을 당했을 겁니다.
수사자들은 아무리 자식이라도 다른 수컷을 경쟁자로 여기기 때문이죠.

'추방'이란 말에 우리는 슬픈 감정을 느낄 수도 있지만,
수사자들에게는 영광된 성체식인 셈입니다.
부모들도 이제 그들을 어른으로 인정한다는 뜻이니까요.
게다가 되도록 근친상간을 피하려는 사자들의 본능 때문에라도,

이제 2차 성징이 뚜렷해진 그들은 떠날 때가 된 것입니다.

그리하여 2005년 말의 어느 날 아침,
여섯 형제는 조용히 스파르타 프라이드를 떠났습니다.
정든 어머니와 누이 들의 곁을 떠나,
그들 스스로 삶을 개척할 때가 온 것입니다.

이제 그들 앞에 어떤 운명이 기다리고 있을지…….

고된 방랑 생활

마포호 형제들은 스스로 삶을 개척해야 할 처시에 놓이면서,
생존 가능성이 급격히 떨어졌습니다.
이때가 원래 모든 수사자들의 삶에서 가장 위태로운 시기며,
의지할 것이라곤 오직 곁의 형제들밖에 없죠.

하지만 마포호 형제에게는 맏형 마쿨루가 있었습니다.
이제 바야흐로 전성기에 돌입한 그는 매우 강인하고 침착한 리더였죠.
그는 고달픈 방랑 생활을 홀로 견뎌 냈으며,

스파르타 프라이드에 합류한 후로는 부모들을 도와
전투와 사냥에서 많은 성과를 올렸습니다.
이런 맏형의 풍부한 경험은 소중한 자산이었죠.

마쿨루는 잘 알고 있었습니다.
형제들이 서로 도와야만 살아남을 수 있다는 사실을요.
그의 지도 아래 형제들은 어떤 상황에서도 똘똘 뭉쳤고,
이 가장 힘든 시기를 별 탈 없이 극복할 수 있었죠.

대부분의 컬리션들은 고된 방랑기를 겪으며
한두 마리의 개체를 잃고 맙니다.
그러나 마포호 컬리션은 단 한 마리의 손실도 겪지 않았죠.
만약 마쿨루의 위대한 리더십이 없었다면,
다섯 동생들 모두 이 고비를 무사히 넘기기는 힘들었을 겁니다.

먹이를 구한다는 것은 결코 쉬운 일이 아니었습니다.
마포호 형제는 부모들의 빼어난 사냥 기술을 익히 보아 왔죠.
어머니들이 지켜보는 가운데 뿔닭이나 벌꿀오소리 같은 작은 동물들로
사냥 기술을 연마하는 특별훈련을 받기도 했습니다.

★ 사자들의 사냥

사냥감

사자들의 사냥감은 몹시 다양하며, 프라이드의 규모나 구성에 따라 얼마든지 달라진다. 암사자 수가 적은 소형 프라이드는 멧돼지처럼 작은 동물부터 시작해, 가젤, 쿠두, 임팔라, 워터벅 같은 영양과 동물과 얼룩말을 주로 노린다. 일반적으로는 영양과 동물은 물론 누나 버펄로 같은 소과 동물들도 즐겨 사냥한다. 대형 프라이드의 경우에는 주로 버펄로를 사냥하며, 때로는 기린이나 하마까지 사냥한다. 가족들이 오래 굶주린 절박한 상황에서는 코뿔소나 코끼리처럼 위험한 동물을 노리기도 한다. 물론 이때는 수사자들의 도움이 반드시 필요하며, 지극히 예외적인 경우다.

사자들은 다른 고양잇과 맹수들에 비해 유독 자신들보다 큰 동물들을 사냥한다. 이것은 사자들이 무리 생활을 하기 때문이다. 여럿이 함께 사냥하므로 가능한 일이기도 하지만, 여럿이 나눠 먹어야 하니 먹이의 양이 많아야 하므로 어쩔 수 없는 일이기도 하다. 큰 동물일수록 저항도 격렬하고 사자들의 위험 부담도 커진다. 따라서 많은 사자들이 사냥 도중에 목숨을 잃는다.

사냥 방법

익히 알려졌다시피, 사냥은 대체로 암사자들이 주도한다. 암사자들의 사냥법은 몹시 지능적이다. 우선 적당한 목표를 정해서 온 가족이 집중한다. 그리고 공격조와 매복조를 편성하여 목표를 궁지에 몰아넣는다. 두 조의 호흡은 절대적으로 중요하다. 대형 프라이드의 경우 예비조까지 편성해 돌발 상황에 대처하는 모습까지 보인다. 공격을 개시하기 전에는 태양의 위치나 바람의 방향까지 꼼꼼히 계산하고, 주변의 지형지물을 잘 활용한다. 포위에 성공한 뒤에도, 일부는 사냥감의 뒷다리를 물거나 등에 올라타 움직임을 둔하게 만들고, 일부는 호흡기를 공격해 결정타를 가하고, 일부는 주변을 경계하는 등 신속한 역할 분담이 이루어진다. 이때 절대로 혼선이 빚어져서는 안 되며, 일사불란한 모습을 보이기까지는 많은 경험이 필요하다.

수사자들의 사냥 기술은 암사자들에 비해 부족하다. 애초에 그들은 사냥꾼보다는 싸움꾼으로 특화되었기 때문이다. 그러나 그들도 사냥을 한다. 특히 암사자들의 도움을 받을 수 없는 방랑기에는 적극적으로 사냥한다. 수사자들은 암사자에 비해 느리고 지구력도 약하므로 영양이나 얼룩말처럼 빠른 동물들은 잘 잡지 못한다. 그 대신 버펄로나 하마처럼 크고 느린 동물들을 형제들이 힘을 합쳐 잡아먹는다. 무리에서 쫓겨난 늙은 수사자가 곧 굶어 죽는 것은 민첩성과 근력이 모두 약해져 홀로 사냥을 하는 것이 불가능하기 때문이다.

그러나 실전에서 자기들만의 힘으로 사냥한다는 것은 전혀 이야기가 달랐습니다.
그때까지 우습게 여겼던 초식동물들은 뜻밖에 영리하고 민첩했으며,
좀처럼 그들의 식사거리가 되어 주지 않았죠.

게다가 마포호 형제의 숫자가 많은 것도 문제였습니다.
한창 먹을 나이의 수사자 여섯에게
가젤이나 얼룩말 따위의 작은 동물들은 한 입 거리도 안 됐죠.
마포호 형제들의 배를 채우려면
버펄로나 기린 같은 커다란 동물을 잡아야 했습니다.
그러나 그들은 결코 만만한 상대가 아니죠.
매우 노련한 사자들이나 그들을 사냥할 수 있습니다.
자칫 잘못하다가는 되레 사자들이 당하기 일쑤죠.
혈기만 왕성하고 경험이 부족한 젊은 사자들에게는
지극히 위험한 상대인 겁니다.

마쿨루의 지도력은 분명 뛰어났지만,
형제들의 사냥 기술은 하루아침에 늘지 않았습니다.
뿔뿔이 흩어져 사방을 배회하며
눈에 불을 켜고 먹잇감을 찾는 날이 허다했습니다.
표범이나 하이에나 들의 식사거리를 뺏어 먹는 짓도 서슴지 않았으며,

다른 사자들이 먹다 남긴 찌꺼기를 주워 먹는 일도 마다하지 않았죠.
심지어 찰랄라 프라이드 암사자들이 잡은 먹잇감을 강탈하려다가,
격노한 스플릿록 컬리션에게 들키는 바람에
쏜살같이 꽁무니를 빼는 일도 있었죠.
마포호 형제들 최악의 흑역사였던 셈입니다.

너무 힘든 세월이었습니다.
그러나 이는 일반적인 현상이기도 하죠.
앞서 많은 수사자들이 방랑기에 목숨을 잃는다고 했는데,
먹이를 구하지 못해 굶어 죽는 것도 여러 이유 중 하나입니다.

하지만 훌륭한 부모로부터 좋은 유전자를 물려받은 덕인지,
마포호 형제늘의 학습 능력은 매우 탁월했습니다.
불과 몇 달 만에 그들은 많은 것을 배웠습니다.
그들의 공격은 놀랍도록 강력하고도 정교해졌죠.
자신들의 먹잇감을 스스로 마련하는 것쯤은 이제 일도 아니었습니다.
그들은 버펄로는 말할 것도 없고,
하마나 기린까지 사냥해서 잡아먹곤 했죠.
그들 또래에서 이 정도로 뛰어난 역량을 보인 컬리션은 그리 많지 않습니다.
놀라운 단결력과 학습 능력 덕분에

그들의 시련은 고되었지만 매우 짧았습니다.

두각을 드러내는 막내들

방랑을 시작할 때만 해도 어린 티를 벗지 못한 풋풋한 막내들은
몇 달 동안의 고난을 겪는 사이 그야말로 일취월장했죠.
킨키테일과 미스터티는 이때부터 두각을 드러내기 시작했습니다.
그들은 모든 일을 주도했습니다.
마포호가 하는 일의 중심에는 언제나 이 둘이 있었죠.

그런 점은 사냥을 할 때 특히 선명하게 드러났습니다.
버펄로나 기린 같은 커다란 동물을 사냥할 때
다른 형제들은 주로 사냥감을 에워싸거나 측면을 공격하죠.
하지만 사냥감의 목을 물어 숨통을 끊거나 등뼈를 부러뜨려 꼼짝 못하게 만드는
치명타를 가하는 것은 매번 킨키테일과 미스터티의 몫이었죠.
두 막내는 놀랍도록 적극적이고 투쟁적이었습니다.

둘 중에서도 유독 튀는 것은 미스터티였습니다.
사냥이나 전투 같은 상황이 아니라면 점잖은 킨키테일과 달리,
미스터티는 거의 언제나 화가 나 있는 상태였죠.

이 둘의 차이는 다른 형제들을 대하는 태도에서도 나타났습니다.
킨키테일이 형들과 별 마찰 없이 지낸 반면,
미스터티는 매우 예민하고 난폭한 태도로 일관했죠.
그는 유달리 탐욕스러웠으며, 분노조절장애가 있었습니다.
그의 그런 태도는 특히, 먹이를 먹을 때 두드러졌죠.
자기 몫은 절대로 나눠 주지 않는 반면,
툭하면 다른 형제의 몫을 탐내곤 했습니다.
물론 그의 단짝 킨키테일의 몫은 예외였지만요.

표면적으로는 마쿨루의 통치가 굳건히 유지되었지만,
미스터티의 폭주는 점점 가시화되고 있었습니다.
다른 형제들은 당연히 그가 거슬렸지만,
제압할 엄두를 내지 못했습니다.
미스터티가 워낙 사납기도 했지만,
그 뒤에 언제나 킨키테일이 있었기 때문이죠.
다른 형제들 사이에는 그 둘만큼의 강력한 유대감은 없었죠.
둘의 유대감은 비정상적이라 할 만큼 강했습니다.

또한 미스터티가 가장 사나운 사자라면,
킨키테일은 가장 용맹한 사자였습니다.

개인적인 역량으로도 형들은 이미 두 막내에 필적하기 어려웠던 것이죠.
두 막내는 무리 내에서 독립적인 무리가 되어 갔습니다.

하지만 둘의 유별난 유대감이 컬리션의 결속을 방해하지는 않았습니다.
여섯 마리의 마포호 형제는 언제나 함께 행동하며
점점 실력을 키워 갔죠.
어느새 그들의 사냥 실력은 가히 예술의 경지에 이르렀습니다.
'사자의 천적'이라는 버펄로는 형제들이 가장 즐기는 먹이로 전락했으니까요.
능숙한 사냥꾼이 된 그들은 충분한 영양분을 섭취함으로써
더욱 거대해지고 더욱 강력해졌습니다.
마포호 형제들은 어느덧 자신들의 영토를 가질 준비를 마친 것입니다.

아프리카의 야생동물 연구사들에 따르면,
여섯 마리의 수사자가 뭉친다는 것은 상상하기 힘든 일이랍니다.
네 마리까지가 한계라는 것이 일반적인 의견이었죠.
다섯 마리로 구성된 웨스트스트리트 컬리션도 예외적인 경우죠.

그러나 이제 때가 온 것입니다.
전대미문의 강력하고 뛰어난 여섯 수사자로 이루어진
거대 컬리션의 핏빛 통치가 임박한 것이죠.

★ 방랑 시절의 마포호 형제

67

**SCENE 3
전성기**

사비샌드에 부는 피바람

핏빛 통치의 개막

시간이 흘러 형제들은 모두 성장했죠.
마쿨루는 더욱 거대해지고 위엄이 흘러넘쳤으며,
드레드락은 마쿨루 못지않은 덩치와 특유의 치렁치렁한 갈기를 뽐냈습니다.
프리티보이는 가장 잘생긴 사자였죠.
그의 금빛 갈기와 날렵한 몸매는
보는 이들의 탄성을 자아내기에 충분했습니다.
라스타 또한 남부럽지 않은 강인한 사자로 성장했습니다.
킨키테일은 체격은 그리 크지 않았지만,
몹시 다부진 근골의 소유자였죠.
미스터티는 독특한 갈기 스타일과 날카로운 인상을 지녔습니다.
이처럼 다양한 개성을 뽐내는 여섯 수사자들이
오랫동안 숨죽여 지낸다는 것은 무리한 일이었죠.

2006년의 어느 날,
마쿨루가 이끄는 여섯 마리의 마포호 사자들이
사비샌드 북쪽 지역에 침투했습니다.
이 지역의 지배자들은 네 마리의 수사자들이었는데,
그저 북부(Northern) 컬리션이라고만 알려졌습니다.

앞서 말했다시피 네 마리는 제법 큰 컬리션이죠.

마포호 형제들은 자기 영토를 가지려면
오직 힘으로써 쟁취해야 한다는 것을 잘 알고 있었죠.
그들은 과감히 도전을 결정했습니다.

마포호 형제들이 원정을 떠나기 직전,
나란히 강물을 마시는 모습이 포착되었습니다.
그들은 함께 목을 축이며, 서로의 우애를 확인했고 전의를 다졌죠.
그리고 차례로 강을 건넜습니다.

수사자들은 새로운 지역에 들어갈 때,
숨죽이고 조심스레 상황을 살핀다고 합니다.
그러나 마포호 형제들은 전혀 달랐죠.
그들은 새로운 곳에 발을 들이는 순간 우렁차게 울부짖었고,
사방에 오줌을 갈기기도 했습니다.
자신들의 출현을 당당히 만방에 알린 것이죠.

이는 도전이라고 보기에는 너무 방자한 태도였고,
지배자들을 분노케 하기에 충분했습니다.

얼마 후 몹시 화가 난 지배자들이 나타났고,
젊은 도전자들을 공격하기 시작했습니다.
그러나 이야말로 마포호 형제들이 바라던 바,
여섯 형제 또한 기다렸다는 듯이 덤벼들었습니다.
순식간에 격전이 벌어졌습니다.
열 마리의 수사자들이 벌이는 대전투의 함성은 산천초목을 벌벌 떨게 만들었고,
평화롭던 초원은 삽시간에 아비규환의 아수라장으로 바뀌었습니다.
여섯 마리 젊은 도전자들은 미친 듯이 날뛰었고,
네 마리 지배자들은 노련하게 맞섰으나 전황은 뜻 같지 않았죠.
마포호 형제들의 숫자와 패기에 눌리고 만 것입니다.

결국 킨키테일이 지배자 한 마리를 쓰러트리면서 싸움은 끝이 났습니다.
킨키테일은 그 가엾은 사자의 두개골을 박살내 버렸죠.
동료의 숨통이 끊어지는 모습을 보자,
나머지 세 지배자는 달아났습니다.
마포호 여섯 형제의 첫 전투가 대승으로 끝난 것입니다.

이 최초의 승리에서 마포호 형제들은 두 가지 큰 수확을 얻었습니다.
하나는 마포호 제국 건설의 거점 마련이었고,
또 하나는 아무도 자신들을 막을 수 없다는 확고한 깨달음이었죠.

마포호 형제들의 가족 만들기

첫 전투에서 승리를 거둔 후,
마포호 형제들은 사방을 종횡하며 경쟁자들을 모두 제거했습니다.
사비샌드에서 각기 한 구역을 차지했던 컬리션들은
마포호와 마주하는 순간 모두 붕괴되었죠.
대부분의 수사자들은 마포호의 모습만 보고도
꽁무니를 빼기 일쑤였습니다.
여섯 마리라는 숫자부터 압도적이었으니까요.
그러나 도망치는 일도 쉬운 일은 아니었죠.
기민함이 필요했습니다.
머뭇거리다가 타이밍을 놓치면 즉각 처형당했죠.

일반적으로 수사자들의 싸움에서는 승리를 거두면
달아나는 적을 굳이 추격하지 않습니다.
억지로 싸움을 계속하다가 부상이라도 입으면 자기만 손해기 때문이죠.
싸움에서 이긴 수사자가 얼마 뒤 상처가 덧나
목숨을 잃는 일은 흔합니다.

그러나 마포호 형제들은 달랐습니다.

적이 도망치는 모습을 지켜보지 않았죠.
그들은 달아나는 적들을 악귀처럼 쫓아가 죽이고,
심지어 잡아먹을 때도 있었죠.

가장 열정적인 추격자는 단연 미스터티였습니다.
그는 언제나 앞장섰고,
한 마리의 적이라도 더 죽이기 위해 애썼죠.
그리고 쓰러진 적의 시체를 한 입이라도 더 먹으려 들었습니다.

전투와 사냥을 주도한 것이 킨키테일이라면,
추격과 처형을 주도한 것은 미스터티였습니다.
마포호 컬리션의 모든 일에는 그 둘이 중심에 있었죠.
물론 다른 형제들이라고 점잖았다는 것은 아닙니다.
그들 모두 잔인하고 포악하긴 마찬가지였죠.
다만 미스터티가 압도적이었을 뿐입니다.

마포호 형제들의 잔인함은 첫 프라이드를 정복할 때부터 드러났습니다.
그 대상은 암사자 세 마리와 새끼사자 열한 마리로 구성된
오타와 프라이드였죠.

북부 컬리션을 쫓아내고 왕좌의 새 주인이 된 후,
마포호 형제들은 당연히 자신들이 거느릴 프라이드를 갖고자 했습니다.

수사자들이 프라이드를 거느리는 이유는 간단합니다.
그 안에 자신들의 유전자를 퍼트리려는 것이죠.
마포호 형제들은 바야흐로 그때가 온 것이라 생각했습니다.
마침 그들의 눈에 띈 것이 바로 오타와 프라이드였죠.
마포호 형제들은 조용히 그 프라이드에 접근했고,
이윽고 대치 상황이 이루어졌습니다.

암사자들은 기를 자식이 있는 한 발정하지 않습니다.
따라서 프라이드를 새로 정복한 수사자들은
옛 지배자의 자식늘을 모두 죽여 없앱니다.
그래야 암사자들이 다시 발정기를 맞이하기 때문이죠.

낯선 수사자들의 등장은 언제나 심각한 위협인 법이죠.
오타와 암사자들도 이것을 잘 알고 있었습니다.
그러나 실력 면에서 압도적인 수사자들을 상대로,
암사자들에게 승산 따위는 애초부터 없는 것이나 마찬가지였죠.
자식들을 지키기 위해 여섯 악당을 저지하려는 오타와 암사자들의 노력은

77

실로 눈물겨웠으나, 부질없는 일이었죠.

마포호 수사자들은 오타와 암사자들을 손쉽게 굴복시켰습니다.
그다음에 한 일은 숨어 있던 새끼사자들을 찾아내 하나하나 죽인 것이었죠.
양아버지 역할을 맡으려는 수사자는 없습니다.
다만 자기 자식을 낳고 기르기를 바랄 뿐이죠.

가엾은 오타와 암사자들은 자식들을 잃은 즉시 발정기에 돌입했고,
자식들의 원수인 마포호 형제들을 새 남편으로 맞아들였습니다.
비로소 마포호 형제들은 자신들의 혈통을 보존할 안정적인 상황을 맞았죠.
드디어 자기들만의 가족을 만든 것입니다.

사상 최악의 사자들

오타와 암사자들이 겪은 참혹한 비극은
앞으로 사비샌드 전역을 뒤덮을 피바람의 서막에 지나지 않았습니다.
마포호 형제들은 더 많은 프라이드를 장악하기 위한 원정을 다녔고,
다른 수사자와 그 자식들을 잡아 죽이는 데 열중했습니다.
수많은 암사자들이 남편과 자식을 잃고 피눈물을 흘려야 했죠.

정나미 떨어질 정도로 섬뜩한 일은
새끼사자들이 마포호의 주된 간식거리였다는 점입니다.
그 간식을 가장 즐긴 것이 미스터티였음은 말이 필요 없는 사실이죠.

말라말라 서부에 '로키(Rocky)'라는 수사자가 있었습니다.
그는 찰랄라 프라이드의 젊은 암사자 둘에게서 여섯 마리의 자식을 봤죠.
그러나 마포호는 다른 수컷의 존재를 결코 용납하지 않았습니다.
2007년 2월, 그들은 로키를 공격해 죽이고 맙니다.
그리고 그의 사체로 허기를 달랬죠. 늘 그래 왔듯이.
이어서 그의 자식들을 학살했습니다. 늘 그래 왔듯이.

결국 찰랄라 암사자들 또한 마포호 형제들을 새 남편으로 받아들였죠.
비극적인 일이지만, 이것이 야생의 섭리입니다.
그러나 오타와 프라이드와 찰랄라 프라이드가 겪은 비극은
양호한 편입니다.

사비샌드 서부에는 시뭉위(Ximungwe)프라이드가 있습니다.
그 역사를 헤아리기 힘들 정도로 오래된 프라이드입니다.
여러 프라이드의 모체가 되기도 한 유서 깊은 프라이드죠.

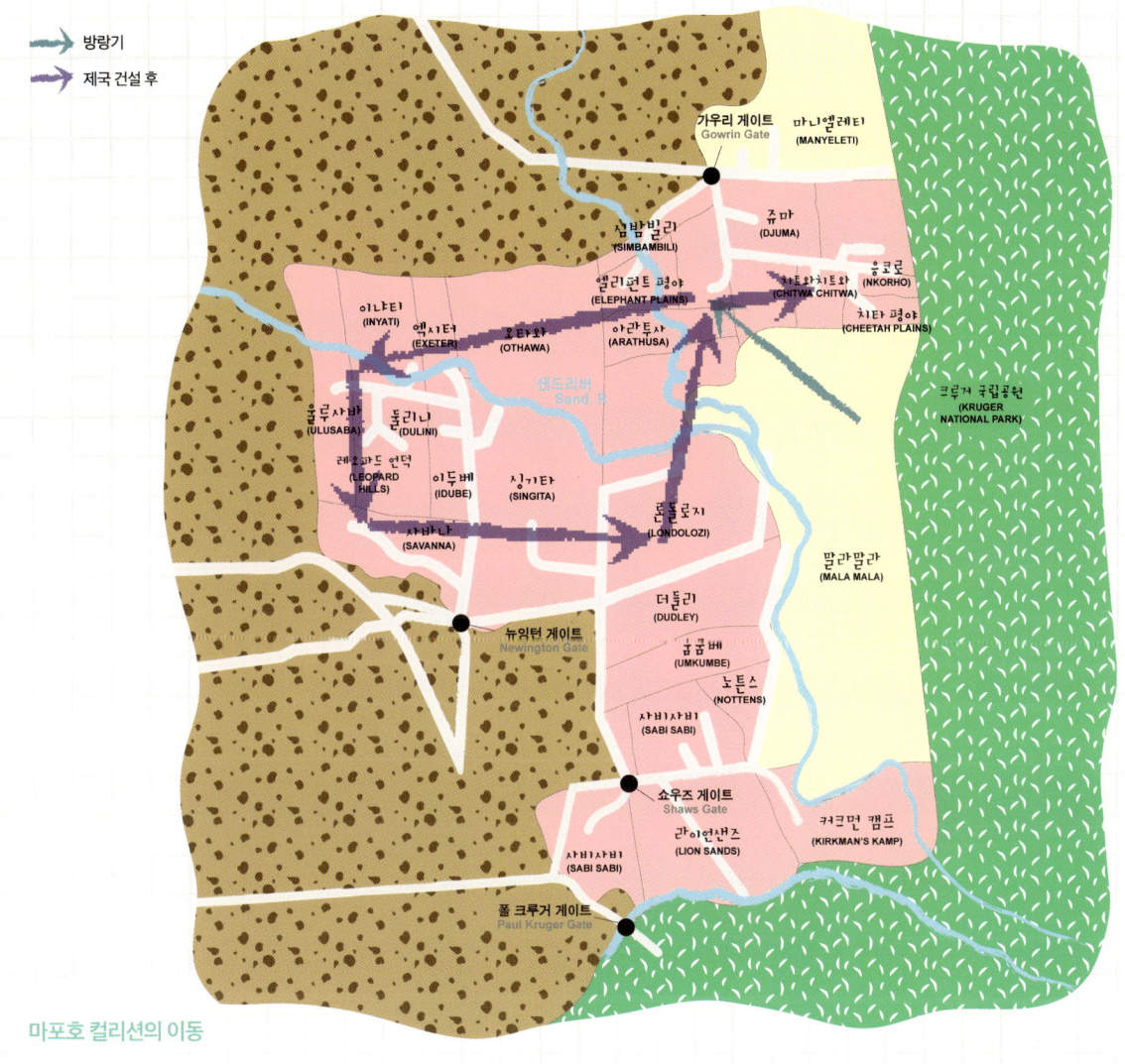

마포호 컬리션의 이동

마포호 컬리션은 제국을 건설하는 과정에서
꾸준히 서쪽으로 이동했습니다.
근친상간을 피하려는 본능 때문인지,
자기들이 태어난 스파르타 프라이드와 반대쪽으로 향한 것이죠.
마침내 서부의 터줏대감 시뭉위 프라이드를 만났습니다.
시뭉위 프라이드는 무려 스물두 마리의 대식구였습니다.

그러나 마포호 컬리션이 도착하고 며칠이 지난 후,
시뭉위 프라이드의 개체수는 여섯 마리로 줄어듭니다.
짐작하건대 새끼사자들이 모두 학살당했음은 물론,
그 와중에 어미사자들도 여럿 희생당한 듯 싶습니다.
유구한 역사를 자랑하던 이 대형 프라이드는 마포호를 만나는 바람에
평범한 프라이드로 전락했습니다.

'시문반야니(Ximunvanyane)'라는 작은 프라이드도 있었습니다.
이름이 좀 어렵죠?
굳이 기억하지 않아도 됩니다.
이제 더 이상 존재하지 않는 프라이드이기 때문입니다.
마포호는 이 프라이드를 아예 전멸시켜 버렸죠.
왜 그랬는지는 구체적인 목격담이 없어 잘 모르겠지만,

마포호 컬리션에 의해 사라졌다는 것만은 분명합니다.

은쿠후마 프라이드의 비극

마포호 사자들은 단지 난폭하고 잔인하기만 한 것이 아니었습니다.
엄청나게 집요했죠.
'은쿠후마(Nkuhuma)'라는 프라이드 이야기를 해보겠습니다.

2007년이 끝날 무렵,
사비샌드 서쪽 끝까지 정복을 마친 마포호 형제들은
이제 방향을 북쪽으로 돌립니다.
그야말로 송횡무진이쇼.

사비샌드 북부의 쥬마(Djuma) 지역에 은쿠후마 프라이드가 있었습니다.
사비샌드 동부에는 스파르타,
서부에는 시뭉위가 대표적인 프라이드라면,
은쿠후마는 북부에서 가장 번영한 프라이드였죠.
남부에서는 '셀라티(Selati)'라는 프라이드가 두드러졌고요.

은쿠후마 프라이드는 무려 아홉 마리 암사자와
스무 마리 새끼사자들로 이루어졌습니다.
이 초대형 프라이드는 단 두 마리 수사자의 보호를 받고 있었죠.
그들은 블론디(Blondie)와 도지(Dozie) 형제였습니다.
단둘이서도 대식구를 너끈히 이끌었으니,
출중한 수사자들이었죠.

그러나 마포호 악당들의 적수가 될 수는 없었습니다.
12월 8일 밤, 마포호 컬리션이 은쿠후마 프라이드를 덮쳤습니다.
블론디는 갑작스런 습격에 반격도 못해 보고,
척추가 꺾여 죽었습니다.
도지는 부랴부랴 식구들을 데리고 달아났지만,
일곱 마리의 자식들을 잃고 말았죠.

하지만 이는 시작에 불과했습니다.
마포호 형제들이 도지와 살아남은 식구들을 결코 용납할 리 없죠.
도지도 그것을 잘 알고 있었습니다.

이윽고 도지는 놀라운 결단을 내렸습니다.
나머지 식구들을 데리고 망명길에 나선 것이죠.

그는 아홉 암사자와 열셋 새끼사자들을 이끌고 사비샌드의 경계를 넘어,
더 북쪽에 있는 마니엘레티(Manyeleti) 보호구역으로 이동했습니다.
스무 마리가 훌쩍 넘는 대가족의 대이동, 이는 실로 믿기 힘든 일이었죠.

그런데 더욱 놀라운 것은 마포호 형제들의 집요함이었습니다.
그들은 마니엘레티 보호구역까지 은쿠후마 프라이드를 추격해 온 것입니다.
마포호 컬리션의 추격은 장장 4개월에 걸쳐 계속되었습니다.
그동안 마니엘레티 보호구역 관리본부에는
마포호 형제들이 은쿠후마 사자를 해쳤다는 비보가 줄지어 도착했죠.
도지는 가족들을 이끌고 꾸준히 달아났지만,
악당들은 조금도 지친 기색 없이 추격과 살육을 되풀이했습니다.

마침내 마포호 형제들이 사비샌드로 돌아갔을 때,
은쿠후마 프라이드 암사자는 아홉 마리에서 대여섯 마리로,
열세 마리에 달했던 새끼사자는 예닐곱 마리로 줄어 있었다고 합니다.

수사자들이 전쟁을 벌이는 이유는 두 가지입니다.
방랑 생활을 청산하고 영토를 획득해 왕국을 건설하거나,
그 왕국에 침입해 온 적을 물리쳐 왕국을 수호하거나.
그러나 이때 마포호 형제들의 모습은 둘 중 어느 것에도 해당되지 않았죠.

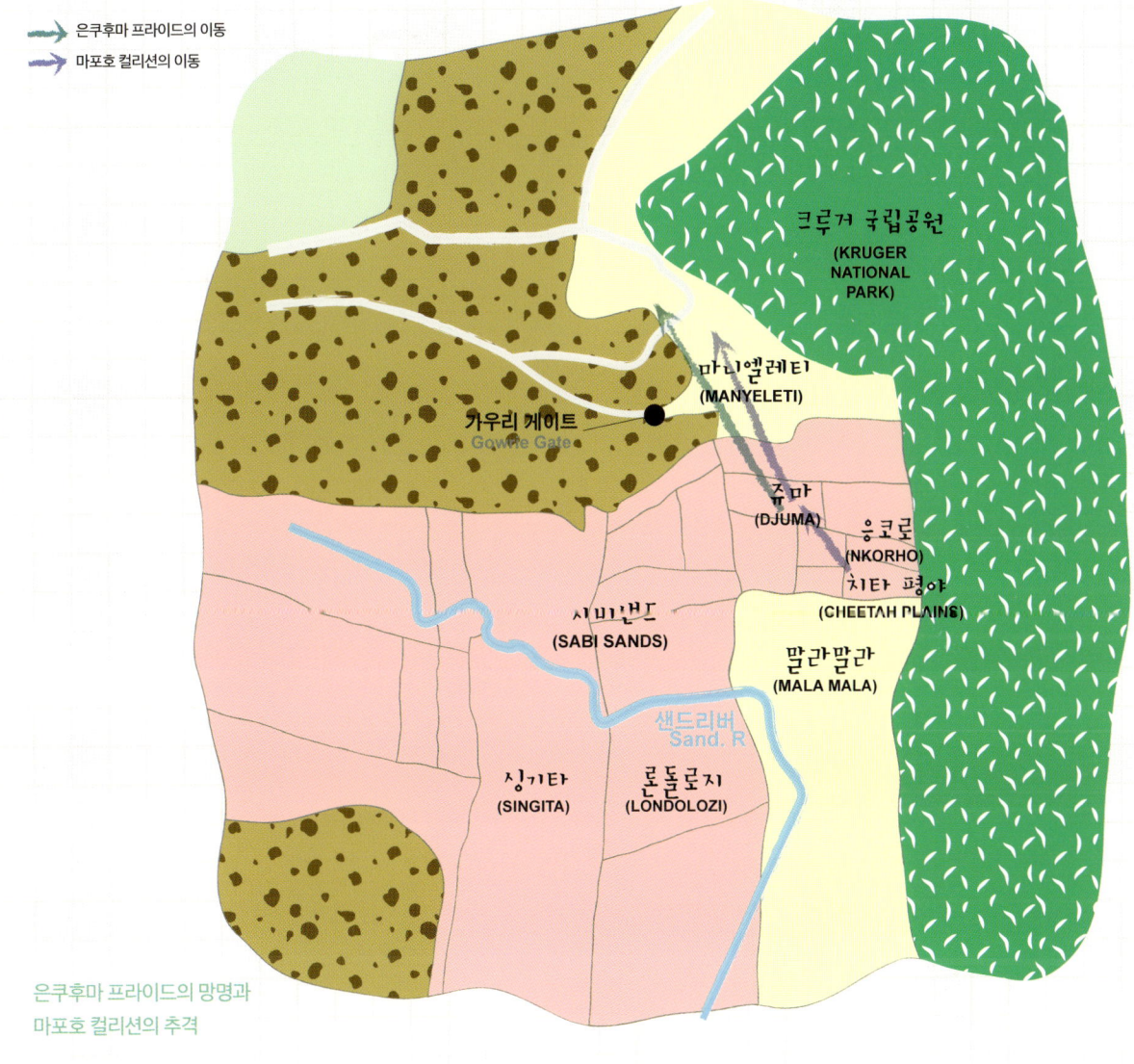

사상 최초로 사비샌드를 통일한 마포호 제국의 영토는 지나치게 넓었으며,
은쿠후마 프라이드 사자들은 절대로 그들의 땅을 넘본 적이 없었습니다.
따라서 마포호 형제들이 은쿠후마 프라이드를
그토록 집요하게 괴롭혀야 할 이유는 전혀 없었죠.

그러나 실제로 그런 일이 일어났습니다.
은쿠후마 프라이드에 대한 마포호의 공격은
이미 전쟁의 수준을 넘었습니다.
일방적인 사냥이나 학살의 양상을 보였죠.
마포호 형제들이 그들을 끈질기게 추격해 하나씩 제거하는 모습은
숫제 게임을 즐기는 듯했습니다.
그들의 잔인함과 집요함은 대체 어디서 온 것일까요?

잔혹에서 광기로

마포호 컬리션은 그야말로 전성기를 맞이했습니다.
너무 많은 사자들을 쫓아내고 죽인 탓에 도전자도 없었죠.
외부의 적이 없다는 것은 내부 갈등이 일어날 때가 되었다는 뜻이기도 합니다.
그리고 수컷들의 다툼에는 암컷이 끼게 마련이죠.

마포호 여섯 형제도 그랬습니다.
그들 사이에는 짝짓기를 두고 은연중에 신경전이 벌어졌죠.

어느 날, 형제들이 거느린 프라이드에 속한 암사자 한 마리가
발정기를 맞이했습니다.
아직 누구와 짝짓기를 해야 할지 미처 결정하지 못해,
암사자는 형제들 앞에서 갈팡질팡하는 모습을 보였죠.
꽤나 수줍음을 탔던 모양입니다.
그러자 어느 순간 형제들이 일제히 달려들어
암사자를 갈기갈기 찢어 죽였습니다.

이 무시무시한 행위에는 세 가지 의미가 숨어 있습니다.

첫째, 그들의 결속력이 얼마나 강한지 스스로 확인하고 과시하는 행동이었다.
둘째, 당시 마포호 컬리션의 공격성과 잔혹성은 비정상적인 수준에 이르렀다.
셋째, 많은 암사자들을 거느리고 있음에도, 자신들의 숫자가 워낙 많은 탓에 모두
만족할 만한 교미의 기회를 갖지 못하고 있었다.

마포호 형제들은 모두 난폭하고 잔인했지만,
그중 가장 극단적인 모습을 보인 것은 역시 미스터티였죠.

어느 날, 미스터티는 암사자와 짝짓기를 했습니다.
그런데 짝짓기를 끝내자마자,
느닷없이 암사자의 목을 덥석 물었죠.
그는 한동안 암사자의 목을 문 채 놓아주지 않았습니다.
이윽고 암사자의 숨이 끊어지자
게걸스럽게 먹어 대기 시작했습니다.
이는 단 한 번도 목격된 적이 없는 놀라운 행동이었습니다.
뭐라 말할 수 없이 끔찍한 이 사건의 목격자들은 그야말로 경악을 금치 못했죠.

미스터티는 왜 그토록 이상하고 끔찍한 행동을 했던 걸까요?
그 암사자는 미스터티가 진작부터 눈독을 들였던
대상이 아니었을까 싶습니다.
그런데 그 암사자는 미스터티가 아닌,
다른 형제와 관계를 가져왔던 게 아닐까요?
하지만 집착이 강한 미스터티는
줄곧 그 암사자에게 애정과 증오를 품어 왔고,
마침내 그 암사자와 교미함으로써 애정을 달성한 순간,
즉시 살해함으로써 증오마저 풀었던 것이 아닐까요?

그 이유가 무엇이든 간에,

미스터티의 행동은 정말 미친 짓이었습니다.
수사자의 본성이 아무리 잔혹한 것이라 해도,
미스터티의 행동은 선을 넘은 것이었죠.

미스터티뿐 아니라 다른 형제들도 숱한 암사자들을 해쳐 왔습니다.
주로 프라이드를 장악하는 과정에서 그랬죠.
원래 수사자들은 다른 수컷의 자식들만 죽일 뿐,
암사자는 되도록 죽이지 않습니다.
암사자를 아내로 삼아야 하니까요.

그러나 마포호 형제들은 달랐습니다.
너무 끈질기게 저항하거나,
그들의 심기를 건드리는 암사자에게는 죽음이 기다리고 있었죠.
사자들은 원래 사납고 잔인한 동물이라지만,
마포호 형제들의 잔혹함은 평균적인 수준을 훨씬 넘었습니다.

특히 미스터티의 기행은 극단적이었죠.
자신들에게 굴복해 이미 아내가 된,
그것도 방금 전까지 함께 짝짓기를 한 암사자를 느닷없이 죽인 후,
시체까지 먹는다는 것은 도저히 믿기 힘든 일입니다.

이는 분명 잔혹함을 넘어 광기로 치달은 것입니다.

그런데 여기에서 반드시 짚고 넘어가야 할 점이 한 가지 있습니다.
짝짓기 경쟁으로 미스터티의 불만과 짜증이 고조된 것은 사실이지만,
그것을 해소함에 있어 아직 형제들까지 대상으로 삼지는 않았다는 것을요.
이는 아직까지 마포호 형제들의 단결이 공고히 유지되고 있었음을 증명합니다.
또한 리더 마쿨루의 걸출함이 드러나는 대목이기도 하죠.

첫 승리 후 마포호 형제들은 미친 듯이 영토를 넓혔으며,
프라이드들을 닥치는 대로 정복했습니다.
위협적이거나 거슬리는 사자들을 모조리 죽여 없앴죠.

사비샌드 보호구역의 보고서에 따르면,
2006년과 2007년에 사비샌드의 사자 수가 급격히 줄어들었다고 합니다.
수십 마리의 사자들이 마포호 형제들에게 목숨을 잃거나 쫓겨났기 때문이죠.
이로 인해 사비샌드의 생태계에 뚜렷한 변화가 생길 정도였습니다.
최상위 포식자의 수가 급감했기 때문이겠죠.
한편, 사비샌드 보호구역 당국은 사자 수 감소가 관광 수입에도 악영향을 끼칠까 봐
전전긍긍했다는 웃지 못할 이야기마저 있습니다.

마포호 여섯 형제들은 사비샌드에 사상 초유의 대제국을 건설했습니다.
그들에게 맞설 자는 아무도 없었죠.
따라서 그들에게 내부 갈등이 가장 큰 위협으로 나타나게 되었습니다.

SCENE 4
분열기

용맹한 자와 사악한 자

싹트는 갈등

2008년에 접어들며,
마포호가 다스리는 영토는 더욱 광활해졌습니다.
당시 연구자들로서는 상상조차 할 수 없었던 대제국이 건설된 것입니다.
그들은 싱기타와 론돌로지를 중심으로 사비샌드를 거의 통일했습니다.
그들의 영토는 무려 7만 헥타르에 달했죠.
이는 실로 엄청난 것이었습니다.

마포호 형제들이 도착하기 전,
그 땅에는 다섯 개의 컬리션이 병립하여 여덟 개의 프라이드를 나눠서 거느리고 있었죠.
그런데 마포호 형제들은 다섯 컬리션을 모두 격파하고
여덟 프라이드를 독차지한 것입니다.

그들은 진정한 제왕이었습니다.
이토록 엄청난 영토와 권세를 가진 컬리션은 일찍이 없었죠.
그러나 미스터티와 킨키테일은 만족하지 못했습니다.
특히 미스터티는 점점 기분이 언짢아지고 있었죠.

어쩌면 두 막내의 불만은 지극히 당연한 것인지도 모릅니다.

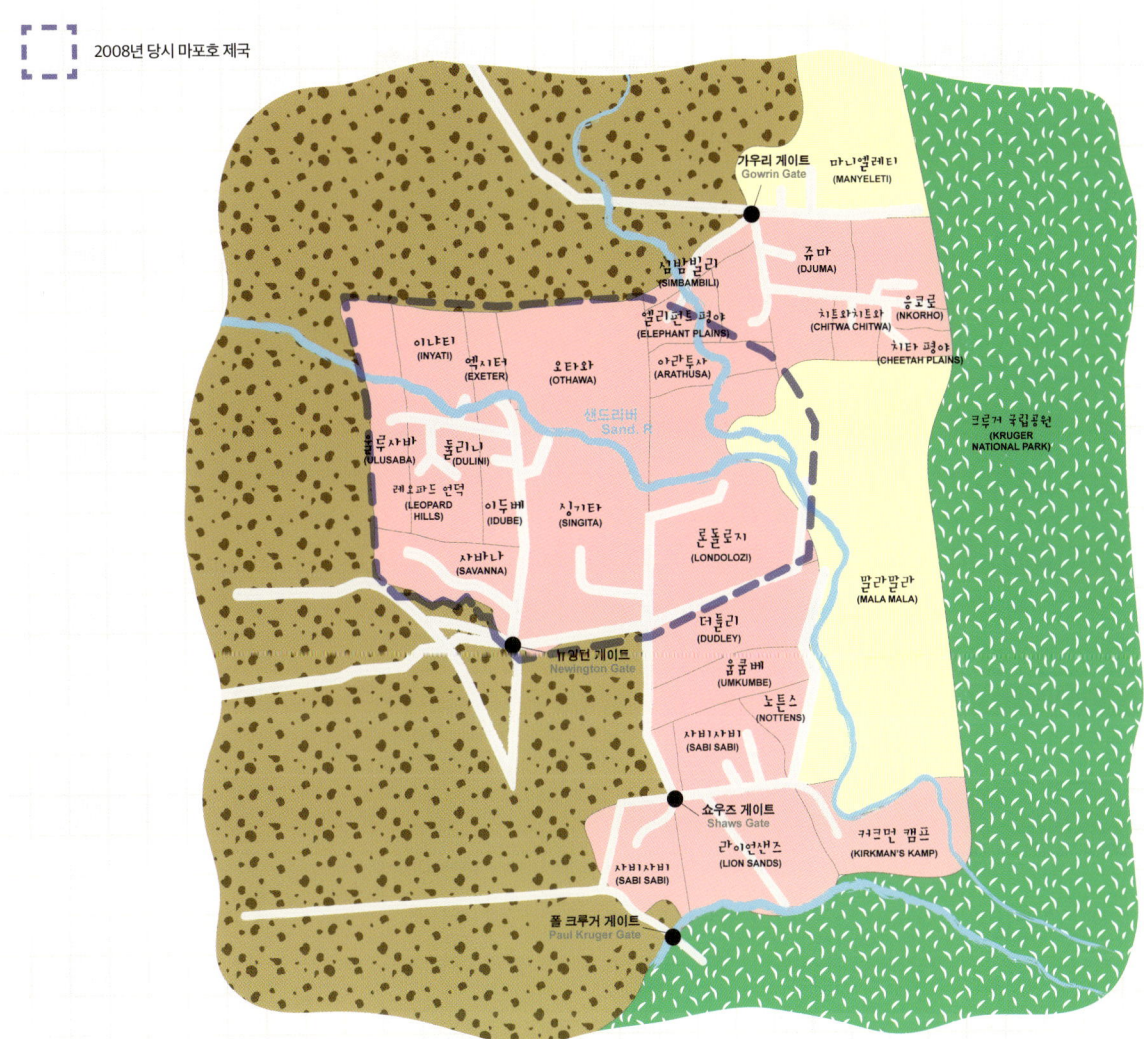

마포호 제국의 영토

그들은 제국의 건설과 유지라는 측면에서
혁혁한 공을 세워 왔습니다.
마쿨루야 지도자라는 위치에 있었으니 그렇다 쳐도,
드레드락, 라스타, 프리티보이는 막내들만큼의 공은 없었죠.

하지만 무리에는 분명 위계질서라는 것이 있고,
미스터티와 킨키테일의 자리는 가장 아래쪽이었습니다.
아무리 역량이 뛰어나고 공이 크다 해도
막내는 막내였으니까요.
그들은 세운 공에 비해 작은 것에 만족할 수밖에 없었죠.
특히 짝짓기에 있어서.
두 막내, 그중에서도 미스터티의 불만은 나날이 커져 갔습니다.
방금 짝짓기를 했던 암사자를 살해한 사건은
그의 분노와 짜증이 한순간 폭발했던 것으로 보입니다.

하지만 거대한 마쿨루는 건재했습니다.
그가 권좌에 있는 한 마포호의 위계에 변화는 있을 수 없죠.
영리한 미스터티는 그 사실을 아주 잘 알고 있었습니다.
따라서 그는 맏형의 존재를 점점 불편하게 여기기 시작했죠.
그는 서서히 혁명을 꿈꿨습니다.

그리고 언제나 그래 왔듯,
킨키테일은 그의 야망을 지지했을 겁니다.
어차피 자신도 마찬가지 신세였고,
그들은 언제나 함께였으니까요.

제국의 분열

형들에 대한 불만이 깊어질수록 미스터티의 행동은 달라졌죠.
형들과 신경전을 벌이는 일이 잦아졌고,
부쩍 킨키테일과 단둘이 보내는 시간이 늘었습니다.
마치 역적모의라도 하는 듯이 말입니다.

그러나 마쿨루는 이처럼 불온한 움직임을 눈치채지 못할 정도로
녹록한 지도자가 아니었죠.
그는 오래전부터 미스터티의 불측한 태도를 예의주시해 왔습니다.
이윽고 마쿨루는 특단의 조치를 취해야겠다는 결론을 내립니다.

어느 날, 미스터티는 언제나처럼 킨키테일 곁에 누워 한가롭게 쉬고 있었죠.
그런데 갑자기 마쿨루가 느닷없이 달려들더니,

미스터티를 공격해 온 것입니다.
예상치 못한 기습에 미스터티는 데굴데굴 구르며
맏형의 공격을 아슬아슬하게 피했죠.

어지간한 킨키테일조차 깜짝 놀라
둘의 싸움을 멍하니 지켜볼 뿐이었습니다.
아마 실감이 나지 않았을 겁니다.
언제나 너그럽던 맏형이 형제를 상대로
이토록 사납게 날뛰는 모습은 처음 본 것이니까요.
또한 컬리션 내에서 권력 다툼이 일어나면
다른 개체들의 간섭 없이 일대일 승부를 벌이는 게 원칙이기도 합니다.

둘의 싸움은 점점 치열한 양상으로 치달았습니다.
싸움을 주도한 것은 선제공격에 성공한 마쿨루였죠.
빅 막(Big Mak)은 괜히 빅 막이 아니었던 것입니다.
성공적인 기습 이후 마쿨루는 시종 상위 포지션을 장악한 채,
격렬히 나뒹굴며 저항하는 막내의 반격을 차단했습니다.
미스터티는 마쿨루의 앞다리를 공격해 반격의 기회를 노렸지만,
오히려 마쿨루의 거대한 입에 왼쪽 앞발을 내주고 말았죠.
그것으로 승부는 끝났습니다.

원래 같은 컬리션의 사자들이 주도권을 두고 싸울 때에는,
되도록 치명상을 입히지 않고,
다리 한쪽을 깨무는 것 정도로 결판을 내곤 합니다.

그날의 승부도 그랬습니다.
마쿨루는 미스터티의 왼쪽 앞발을 확실히 장악한 후 곧 풀어 줬습니다.
그러자 미스터티도 슬며시 맏형에게서 시선을 거뒀죠.
빅 막은 이로써 무사히 권좌를 지켜 냈습니다.

미스터티는 몹시 분하고 부끄러워
유유히 돌아서는 맏형을 향해 마지막으로 사납게 으르렁거려 봤죠.
하지만 승패는 이미 명확하게 갈려 있었습니다.
마쿨루가 귀찮다는 듯 돌아서며 나직하게 으르렁거리사,
미스터티도 패배를 받아들이고 고개를 숙였죠.

위대한 마쿨루가 표연히 자리를 뜨자,
미스터티는 다친 발을 절룩이며 킨키테일에게 다가갔습니다.
그리고 킨키테일 곁에서 가쁜 숨을 골랐죠.
하지만 민망함 때문인지 킨키테일을 외면하고 있었습니다.
이는 전혀 미스터티답지 않은 모습이었죠.

킨키테일은 형제의 그런 낯선 모습을 묵묵히 바라볼 뿐이었습니다.

마쿨루와 미스터티의 큰 싸움이 있고
며칠이 지난 어느 날이었어요.
여섯 형제가 샌드리버 강가에 모여
함께 휴식을 취하는 장면이 목격되었죠.

샌드리버(Sand R.), 모래의 강.
강바닥에 고운 모래가 고르게 깔려 있어 붙여진, 멋진 이름입니다.
이 모래의 강은 보호구역을 길게 가로지르며
그곳에 사는 동물들에게 생명력을 공급해 주죠.
따라서 사비샌드에 이 강의 이름이 붙은 것은 당연한 일입니다.
샌드리버는 그곳의 젖줄이니까요.

마포호 형제들에게도 샌드리버는 떼려야 뗄 수 없는 존재였습니다.
그들은 어릴 적부터 이 강물을 마시면서 자랐고,
훗날 제국을 건설할 때에는 그 강줄기를 따라 서쪽으로 이동했죠.
특히 마포호 형제들에게는 독특한 습관이 하나 있었죠.
큰 전투를 앞두고는 반드시 샌드리버에 모여
함께 물을 마셨다는 것입니다.

이는 북부 컬리션과의 첫 전투를 벌일 때부터 시작된 일입니다.
그 후로 그들은 항상 강물을 나눠 마신 후,
늠름하게 전장에 나섰죠.
그러고는 언제나 승리를 거두고 돌아왔습니다.
강물을 함께 마시는 것은 그들에게는 일종의 출정식인 듯합니다.

의미 깊은 그 강가에 여섯 형제가 다시 모였습니다.
그들은 흐르는 강물을 바라보며,
한가로이 휴식을 취하고 있었죠.
분위기는 이상할 정도로 평온했습니다.
으르렁거리지도, 서로 몸을 부비지도 않았죠.

긴 침묵이 이어지더니,
마쿨루가 문득 자리를 털고 일어났습니다.
그리고 강 반대편 덤불로 성큼성큼 걸어가 모습을 감췄죠.
그러자 드레드락, 라스타, 프리티보이도 차례로 일어나
맏형을 따라갔습니다.

하지만 미스터티와 킨키테일은 미동조차 하지 않은 채,
강물만 묵묵히 바라보고 있었죠.

사라져 가는 형들의 뒷모습을 바라보지도 않았습니다.
마치 아무 일도 없다는 듯 태연한 모습이었죠.
그리고 얼마 뒤, 누가 먼저랄 것도 없이 맑고 얕은 강물을 건너기 시작했죠.

그날은 위대한 마포호 제국이 분열된 날이었습니다.
은쿠후마 프라이드를 추격할 때 그들의 모습은 확실히 비정상적이었죠.
이는 내부에서 극단적인 변화가 일어날 조짐이었는지도 모릅니다.
그 불길한 조짐이 분열이라는 차가운 현실로 다가온 것이죠.
마쿨루가 스파르타 프라이드를 찾아온 후,
6년이 넘도록 생사고락을 함께해 왔던 이 여섯 형제는
마침내 두 집단으로 나뉘게 된 것입니다.

동마포호 제국의 번영

마포호의 분열은 제국 중앙의 두 거점,
싱기타와 론돌로지를 중심으로 이루어졌죠.
마쿨루, 드레드락, 라스타, 프리티보이는 싱기타의 서쪽 영토를,
킨키테일과 미스터티는 론돌로지의 동쪽 영토를 차지했습니다.
그들은 마치 로마제국처럼 동서로 분열했던 것이죠.

이 또한 매우 놀라운 일이었습니다.
이처럼 컬리션이 분열하며,
평화롭게 영토를 나누는 경우는 드물기 때문이죠.
형들 입장에서 막내들과 계속 함께하는 건 불가능해졌고,
또한 그들과 목숨 건 싸움을 벌일 수도 없는 노릇이었죠.
그래서 고육지책을 내놓은 것이 아닐까 싶습니다.
어쩌면 그간 큰 공을 세워 온 두 막내에 대한
마쿨루의 마지막 배려였을 수도 있고요.

미스터티와 킨키테일에게도 이는 분명 나쁘지 않았을 겁니다.
이미 오래전부터 자신들만의 영토를 원했고,
그럴 만한 충분한 자격이 있는 실력자들이었으니까요.
게다가 그들은 자신감이 한껏 고취되어 있는 상태였습니다.
이제 불과 예닐곱 살의 한창때였기 때문이죠.

이제 둘로 나눠진 마포호 형제들을 어떻게 불러야 할까요?
사람들은 흔히 서쪽 형들을 계속 마포호라 부른 반면,
동쪽 막내들에게는 '블로와티(Mlowathi)'라는 새 이름을 붙여 주었습니다.
블로와티는 말라말라 지역 북부를 흐르는 샌드리버의 지류입니다.
킨키테일과 미스터티는 독립 후,

말라말라 북부에 자주 나타나 이 작은 강을 피로 물들이곤 했죠.

한편, '올드(old)'와 '영(young)'이라고
간단하게 구별하는 사람들도 많습니다.

그러나 저는 동마포호와 서마포호로 부르려 합니다.
앞서 마포호 제국이 로마제국처럼 분열되었다고 했는데,
정말 마포호 컬리션은 로마제국과 많이 닮아 있기 때문입니다.
지중해 세계를 최초로 통일한 로마제국처럼
마포호도 처음으로 사비샌드를 통일했죠.
또한 동로마와 서로마의 분열처럼
마포호 형제들도 마침내 동서로 나뉘었고요.

사자들의 생각을 정확하게 파악할 수는 없지만,
동마포호의 독립은 얼마간 마쿨루의 배려가 전제되었을 겁니다.
그러나 그 배려에는 대가가 따랐죠.
서마포호 제국과 동마포호 제국은 처한 여건이 전혀 달랐기 때문입니다.

두 제국의 지배자들은 충돌 없이 각자 영토를 지키며
향후 2년 동안 군림했죠.

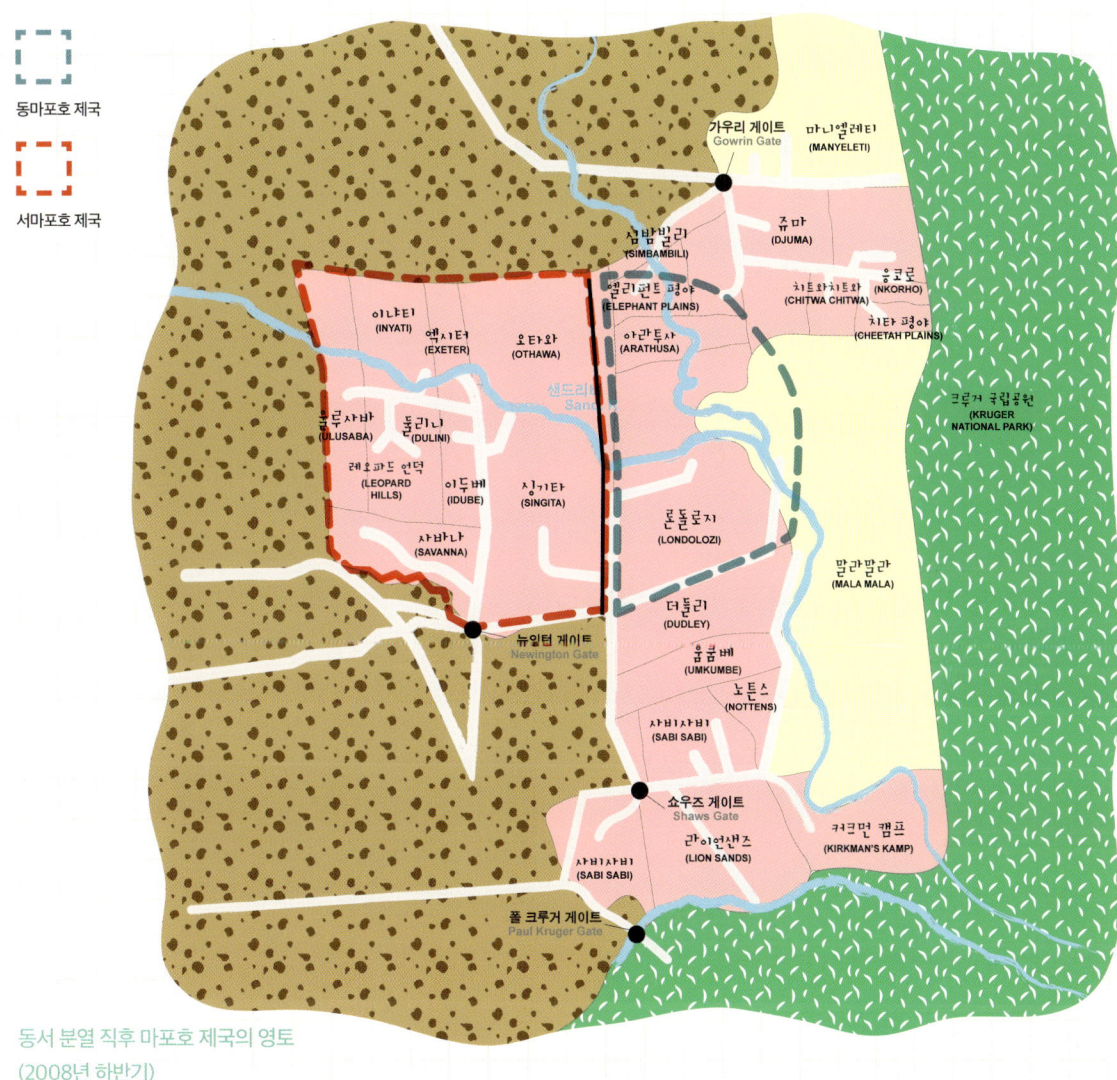

동서 분열 직후 마포호 제국의 영토
(2008년 하반기)

얼핏 평화로운 세월이었지만,
구체적인 양상은 정반대였습니다.
형들이 다스리는 서부 지역에는 평화로운 나날이 지속된 반면,
킨키테일과 미스터티가 차지한 동부 지역은 그야말로 전쟁의 연속이었죠.
그런 차이는 지형적인 원인에서 비롯되었습니다.

앞의 지도는 마포호 제국이 동서로 막 분열했을 때의 영토입니다.
지도를 보면, 서마포호 제국이 얼마나 안전했는지 알 수 있죠.
북쪽, 서쪽, 남쪽 경계는 사람들이 사는 마을이랑 접해 있어
다른 사자들이 들어올 수 없었습니다.
그리고 유일한 통로인 동쪽 경계는 동부의 두 막내가 꽉 막아 주었죠.

반면, 동마포호 제국은 서쪽 국경을 제외하면 모두 위험 지대였죠.
북쪽은 마니엘레티 보호구역,
동쪽과 남쪽은 크루거 국립공원과 통하고 있었습니다.
기름진 샌드리버 일대의 땅을 넘보는 다른 수사자들이 득시글거리는 곳이었죠.
과거에도 웨스트스트리트 사자들은 크루거 국립공원에서,
스플릿록 형제는 마니엘레티 보호구역에서 사비샌드로 넘어왔습니다.
그리고 제2, 제3의 웨스트스트리트 컬리션과 스플릿록 컬리션을 꿈꾸는
수사자들은 얼마든지 있었죠.

두 막내는 독립의 대가로 형들의 수문장 역할을 맡게 된 셈입니다.
그리고 그 역할을 놀라울 정도로 잘 수행했죠.
비옥한 사비샌드를 노리고 들어온 침입자들은
두 막내 손에 모두 결딴났습니다.
따라서 서쪽의 네 형들은 적을 마주치는 것조차 힘들었죠.
동마포호 제국은 서마포호 제국의 견고한 방파제였던 것입니다.

킨키테일과 미스터티는 단지 소극적인 수문장 역할에 만족하지 않았습니다.
오히려 더욱 적극적으로 영토를 개척했죠.
2년의 세월이 지나자,
그들은 처음 할당받은 것보다 훨씬 넓은 영토를 차지하게 되었습니다.

다음 지도를 보면,
킨키테일과 미스터티가 얼마나 위대한 사자들이었는지 알 수 있죠.

동서 분열 전에 비해 마포호 제국의 동쪽 영토가 크게 늘어났습니다.
킨키테일과 미스터티는 형들보다 더 넓은 영토를 다스리게 되었죠.
단둘이서 2년 동안 영토를 두 배 가까이 넓힌 겁니다.
킨키테일과 미스터티의 독립이 마쿨루의 배려였다면,

★ 영토를 순찰하는
미스터티와 킨키테일

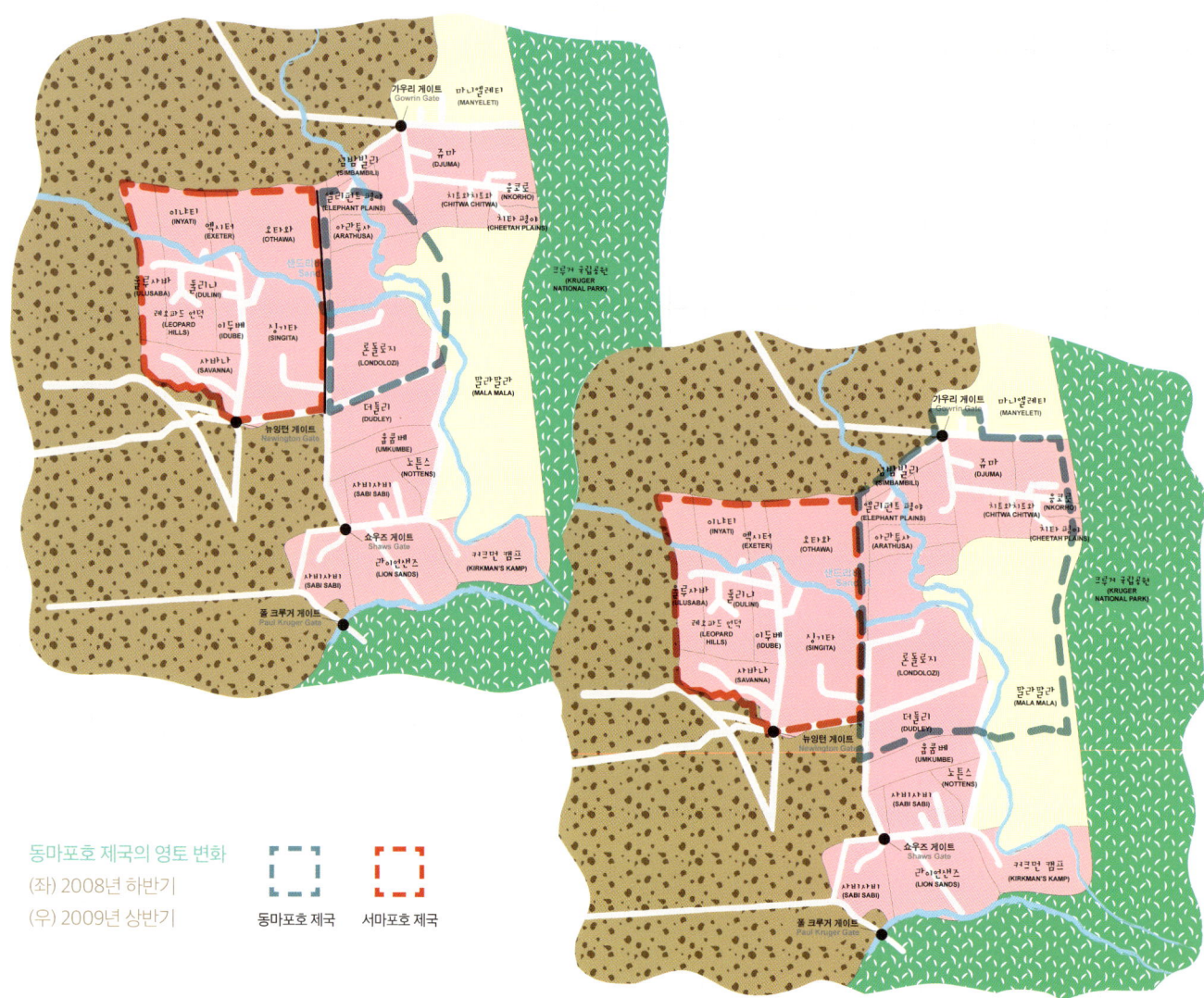

그것은 실로 신의 한 수였던 셈입니다.

저는 이 글을 쓰면서 편의상 이 시기를 분열기라 이름 붙였지만,
어쩌면 이때야말로 마포호 컬리션의 진정한 전성기였는지도 모릅니다.
그리고 막내들이 형들보다 더 큰 명성을 얻은 이유도 바로 여기 있죠.

용맹한 자와 사악한 자

동마포호 형제는 어떻게 해서 이토록 큰 성공을 거둘 수 있었을까요?
그것은 결코 쉽지 않은 일이었습니다.
서쪽의 네 형들이 평화를 만끽한 2년 동안,
동쪽의 막내들은 적의 피로 목욕을 하고 갈증을 달래는 나닐을 보냈죠.
2년에 걸친 악전고투 속에 그들은 매섭게 단련되었습니다.
싸움 기술이 무섭도록 향상되었으며,
협동 공격의 완성도는 믿기 힘든 수준까지 이르렀죠.

유년기 때부터 형제는 성격이 생판 달랐습니다.
킨키테일은 매우 저돌적이며 용감했고,
미스터티는 지극히 교활하고 잔인했죠.

또한 생김새도 꽤 달랐습니다.
킨키테일은 키는 작은 편이지만,
몹시 다부진 체격이었습니다.
얼굴이 넓적하고 어깨도 떡 벌어졌죠.
반면 미스터티는 그보다 호리호리하지만,
키도 크고 앞발의 리치가 매우 길었습니다.
복싱으로 따진다면, 그 성격으로나 체형으로나
킨키테일은 인파이터, 미스터티는 아웃파이터라고 할 수 있을 겁니다.

만약 이 둘이 비슷한 유형이었다면,
그들의 협동 공격은 오히려 위력이 반감되었을지도 모릅니다.
그러나 전혀 다른 유형으로 각자의 경지에 오른 두 사자가 뭉치자,
그 위력은 상상을 초월할 정도로 어마어마했죠.

그들의 싸움은 대체로 다음과 같았습니다.
먼저 킨키테일이 무조건 공격을 시도합니다.
그는 그야말로 맹장이었죠.
적의 숫자나 덩치 따위를 살피는 법이 없었습니다.
낯선 사자를 발견하면 거의 반사적으로 공격을 퍼부을 따름이었죠.
그다음은 미스터티의 차례입니다.

킨키테일이 용맹한 전사라면, 미스터티는 노련한 싸움꾼이었습니다.

상대가 한 마리일 경우,
미스터티는 적의 시선을 교란시키며 반격을 방해합니다.
그사이 킨키테일이 적의 등뼈나 골반, 뒷다리를 골절시켜
움직일 수 없게 만들죠.
그러면 미스터티가 숨통을 끊어 버립니다.

상대가 여러 마리일 경우,
미스터티는 한두 마리의 적을 견제하며,
킨키테일이 한 마리와 일대일 승부를 할 수 있도록 시간을 벌어 줍니다.
마침내 킨키테일이 한 마리를 제압하면,
나머지는 대부분 도망치게 마련이죠.
그러면 쫓아가서 죽여 버립니다.

이것이 언제나 그들이 승리를 거둬 온 방식이었죠.
"그들은 마치 한 몸처럼 싸웠다."라고도 할 수 있습니다.

그런데 이쯤에서 우리가 반드시 짚고 넘어가야 할 점이 있습니다.
거대한 동마포호 제국을 세운 사자들의 수가 겨우 둘뿐이었다는 것이죠.

마포호를 아는 사람들은 그들이 역대 최강의 사자 집단이라는 데 동의하면서도,
개체 각각의 개별적 역량에 대해서는 회의를 품는 경우가 간혹 있습니다.
여섯 마리라는 압도적인 수를 앞세워
싸움을 이길 수 있었다는 것이죠.
이는 얼핏 일리 있는 말처럼 들리기도 합니다.
여섯 마리가 함께 다닐 때에는
그들보다 많은 적을 상대한 일이 없었죠.
대부분의 적들은 그들의 숫자에 겁먹어
싸워 보지도 않고 달아나기 일쑤였으니까요.

그러나 동서 분열 이후 킨키테일과 미스터티의 경우는 전혀 다릅니다.
그들의 수는 컬리션을 구성할 수 있는 최소 단위에 불과했으므로,
자신들보다 적은 수의 적을 상대한 일이 없었죠.
두 막내는 항상 대등한 수의 적과 싸우거나
오히려 수적 열세 속에서 싸웠죠.
하지만 그들은 모든 전투에서 압도적인 승리를 거뒀습니다.

승리, 승리 그리고 또 승리

은쿠후마 토벌을 마친 마포호 컬리션이 동서로 분열하기까지는
고작 몇 달이 지났을 뿐입니다.
그러나 그사이 사비샌드 동부에는 이미 여러 떠돌이 수사자들이 들어와 있었죠.
사비샌드 동부는 그만큼 치열하고 번잡한 곳이었습니다.
그러나 떠돌이들이 그 땅에 머문 날은 별로 길지 않았습니다.
형들로부터 동쪽 영토를 양보받은 두 막내가 득달같이 달려왔기 때문이죠.

짧은 시간 동안 킨키테일과 미스터티는
셋 이상의 떠돌이 컬리션을 쫓아낸 것으로 보입니다.
그중 둘은 그들과 같은 두 마리였고,
하나는 부려 네 마리였습니다.
그러나 동마포호 형제와 마주친 순간
참담한 패배를 맛보는 건 매한가지였죠.
그 떠돌이들은 이름조차 남기지 못했습니다.

그러나 두 막내에게 도전해 온 것은 떠돌이들만이 아니었습니다.
나름대로 한가락 하던 사자들도 그들 앞에서 속절없이 무너졌죠.

킨키테일과 미스터티가 한창 새 영토를 돌아보느라 바쁘던 7월의 어느 날,
쥬마 지역에 그들보다 두세 살 어린 젊은 수사자 둘이 나타났습니다.
마니엘레티 지역 출신의 이 젊은 수사자들은 마니엘레티 컬리션이라 불렸는데,
한동안 그곳에 망명 중이던 은쿠후마의 새 주인이 되었죠.
이 형제는 나이에 비해 체격이 몹시 우람했습니다.
권토중래를 꿈꾸던 은쿠후마 암사자들은 그 점을 믿고,
형제를 앞세워 사비샌드 북부로 남하해 온 것이죠.

그런데 웬일인지 반년 동안
두 컬리션 사이에 교전이 일어나지 않았습니다.
'혹시 킨키테일과 미스터티가 싸움을 피하는 걸까?'
사람들이 이렇게 생각할 수 있었던 것은
마니엘레티 형제의 체격이 그만큼 컸기 때문입니다.
반면 동마포호 형제는 그리 덩치 큰 사자들이 아니었죠.
킨키테일은 키가 작은 편이었고,
미스터티는 좀 마른 편이었습니다.
사람들은 드디어 이 난폭한 형제가 임자를 만났다고 생각했죠.
그러나 착각이었습니다.

2009년 1월 초,

마침내 동마포호 형제와 마니엘레티 형제 사이에 전면전이 벌어졌죠.
그리고 승부는 매우 싱겁게 끝났습니다.
킨키테일과 미스터티는 싸움은 덩치로 하는 게 아니라는 사실을
너무도 쉽게 증명했죠.
마니엘레티 한 마리는 그 전투에서 오른쪽 뒷다리가 부러졌고,
며칠 동안 신음하던 끝에 결국 숨을 거뒀습니다.
나머지 한 마리도 은쿠후마 암사자들을 이끌고
마니엘레티 지역으로 달아났죠.
은쿠후마 암사자들은 귀향의 꿈을 한동안 더 접어야 했습니다.

몇 달 뒤에는 '툴론(Toulon)' 컬리션이 동마포호 형제에게 패배를 맛봤습니다.
그들은 마니엘레티 컬리션과 비슷한 또래의 젊은 수사자 세 마리였죠.
그들은 5월쯤 크루거 국립공원에서 말라말라로 넘어온 것으로 보입니다.

6월의 어느 날 저녁, 카펜(Kapen)이란 곳에서
젊은 수사자들은 동마포호 형제에게 덜미를 잡히고 맙니다.
그들은 버펄로를 한 마리 잡아 배불리 먹고,
곤히 잠들어 있었습니다.
지독한 살의를 품은 두 지배자가 다가오고 있음을 꿈에도 몰랐죠.

지배자들은 아침 일찍부터 그들의 흔적을 발견하고,
곧바로 추격을 시작했죠.
해가 질 무렵 마침내 철없는 침입자들을 찾았습니다.
무려 한나절에 걸친 이 끈질긴 추격은 미스터티의 공일 가능성이 큽니다.
그는 세상에서 가장 집요한 사자였으니까요.

★ 툴론 컬리션을 추격하는
동마포호 형제

세 침입자들을 찾아낸 동마포호 형제는 즉각 공격을 개시했습니다.
뭔가 이상한 낌새에 눈을 뜬 침입자들은
두 눈에 불을 켜고 달려드는 지배자들의 악귀 같은 모습을 목격했죠.
승부는 그걸로 끝났습니다.
젊은 수사자들은 혼비백산해서 미친 듯이 달아났죠.

그래도 그들은 마니엘레티 형제보다는 훨씬 운이 좋았습니다.
셋 모두 무사히 목숨을 건졌기 때문이죠.
그들은 동마포호 군주들의 추격을 피해 남쪽으로 도망쳤는데,
그곳에 자신들만의 왕국을 세울 수 있었습니다.
그들은 매우 운이 좋았죠.

반면 대단히 운이 나쁜 사자들도 있었죠.
'골프코스(Golf Course)' 컬리션이라는 수사자 둘이 바로 그들입니다.

동마포호 형제보다 한두 살 어린 그들은 사비샌드 남부의 지배자였습니다.
남부에서 가장 큰 셀라티 프라이드의 주인이었죠.

사비샌드 동부 출신인 마포호 컬리션은 제국을 건설하는 과정에서,
사비샌드 중부와 서부를 거쳐 북부로 이동했습니다.
그들은 웬일인지 남부에는 별로 관심을 두지 않았습니다.
덕분에 골프코스 형제는 한동안 평화로운 나날을 보낼 수 있었죠.
그런 점에서는 대단히 운이 좋았다고 할 수도 있겠네요.

하지만 동마포호에게 쫓겨난 툴론 컬리션이 남부에 다다르면서
그들의 운은 다했습니다.
툴론 컬리션은 곧바로 공격을 시작했고,
수적 열세 끝에 패배한 골프코스 형제는 9월 조 북쪽으로 날아났습니다.

그러나 이야말로 지독히 불운한 선택이었죠.
하필 그들이 도착한 곳은 동마포호 제국의 한복판이었으니까요.
늑대를 피한답시고 범의 아가리로 뛰어든 격입니다.

그들은 곧 불길한 선택의 값비싼 대가를 치렀습니다.
12월 초, 동마포호 군주들이 이 가엾은 망명객들을 공격해 형을 죽였죠.

동생은 그 후 약 10개월 동안 홀로 떠돌아다니다가 굶어죽고 맙니다.
한때 잘나갔던 골프코스 컬리션은 역사 속으로 사라졌죠.

골프코스 형을 잡아 죽인 지 한 달도 지나지 않은 12월 말,
킨키테일과 미스터티는 또 한 차례의 승리를 거둡니다.
이번 희생양은 '기지마(Gijima)' 컬리션으로, 그들 역시 두 마리였죠.
그들은 과거의 마니엘레티 컬리션과 여러모로 닮았습니다.
같은 마니엘레티 출신이었고, 두 마리라는 것도 같았으며,
또래에다 덩치가 크다는 점 또한 비슷했죠.
무엇보다 동마포호 군주들에게 초전 박살 난 점이 닮았습니다.
그러나 두 형제 모두 목숨을 건진 점은 달랐죠.
그들은 무사히 마니엘레티로 돌아가
훗날 작은 왕국을 세웁니다.

★ 기지마 컬리션을 추격하는
동마포호 형제

동마포호 형제의 끝없는 야망

킨키테일과 미스터티는 수많은 도전자들을 물리쳤습니다.
킨키테일의 용맹과 미스터티의 근성이 만들어 낸 빛나는 결과였죠.
그러나 그들은 단순히 적을 막아 내기만 한 것이 아니었습니다.

몰려드는 적들을 쫓아 내면서 오히려 영토를 더욱 넓혀 나갔죠.

이 점이 서마포호 형들과 동마포호 막내들의 결정적인 차이였습니다.
서부의 형들은 분열 이후 굳이 영토를 넓히려는 움직임을 보이지 않았죠.
반면 동부의 막내들은 세상 끝까지 정복할 듯한 기세를 드러냈습니다.
어쩌면 이것이야말로 분열의 가장 근본적인 원인일 수 있겠습니다.
수성으로 전환하려는 형들과 확장을 원하는 막내들 사이에
의견 충돌이 생겼던 것이죠.

동부의 막내들은 분열과 동시에 무서운 속도로
영토를 늘리기 시작했습니다.
우선 은쿠후마 프라이드의 망명 후
소유권이 어정쩡했던 사비샌드 북부를 목표로 삼았죠.
그들은 여러 떠돌이 사자들과 마니엘레티 컬리션을 몰아내고
그곳을 장악했습니다.
사비샌드 북부는 순식간에 동마포호 제국의 영토가 되었죠.

그들은 자신들의 고향인 말라말라 동부에도 눈독을 들였습니다.
분열 전 마포호 컬리션은 사비샌드 중부에 제국의 깃발을 처음 꽂은 이후,
서부 지역을 완전히 평정한데 이어 북부 영토까지 넘봤죠.

하지만 동부의 말라말라 구역만은 건드리지 않았습니다.
그곳에는 그들의 어머니와 누이들이 살고 있었기 때문이죠.
스파르타 프라이드 말입니다.

그러나 제국이 분열하며 상황이 달라졌습니다.
미스터티와 킨키테일은 맏형 마쿨루처럼 너그러운 사자가 아니었죠.
아무리 어머니와 누이들의 삶의 터전이라 하더라도,
손만 뻗치면 차지할 수 있는 땅을 내버려두기에 그들은 너무 탐욕스러웠죠.
2009년 4월부터 그들은 옛 고향 땅을 침공하기 시작했습니다.

스파르타 프라이드와 함께 있던 수사자는 두 마리였습니다.
'롤러코스터(Roller Coaster)' 컬리션의 마지막 늙은 사자와
찰랄라 프라이드 출신의 젊은 사자였죠.
묘한 점은 이 둘이 혈연관계가 아니었다는 사실입니다.
젊은 사자의 아버지는 스플릿록 컬리션이었죠.
방랑기의 마포호 형제들을 구박했던 그 사자들 말입니다.

혈연으로 묶이지 않은 수사자들의 협력은 상당히 드문 일입니다.
결코 일반적인 상황이라고는 할 수 없죠.
그럼에도 불구하고 그 둘이 손잡은 것은

무시무시한 공공의 적, 동마포호 제국의 폭군들 때문이었을 겁니다.

2009년 초, 늙은 사자가 방랑하던 젊은 사자를 동료로 맞아들였죠.
그로부터 불과 두세 달 후,
과연 동마포호 형제의 침공이 시작되었습니다.
아마도 경험 많은 늙은 사자가 곧 닥쳐올 위협에 대비해
보험을 든 것 같습니다.

그러나 역부족이었죠.
이제 황혼기를 맞은 늙은 사자와 아직 경험이 부족한 풋내기 사자로는
최강의 사자들이라는 두 지배자를 도저히 막아 낼 수 없었습니다.
그들은 간신히 한 달을 버틴 끝에 와르르 무너져 내렸죠.

2009년 5월의 어느 날,
킨키테일과 미스터티는 정든 옛 프라이드를 습격해
무자비하게 공격했습니다.
그들은 정말 피도 눈물도 없는 사자들이었죠.
이 싸움에서 늙은 롤러코스터 수사자는 부상을 입고 도망쳤습니다.
그 후 다시는 가족을 찾지 않았죠.
그는 반년쯤 후에 홀로 쓸쓸한 죽음을 맞았다고 합니다.

한편, 스파르타 암사자들은 3년 만에 돌아온 폭군들에 맞서
처절하게 싸웠습니다.
하지만 순식간에 아성체 두 마리를 잃고 뿔뿔이 흩어져 달아났죠.

며칠 뒤, 젊은 찰랄라 수사자가 흩어진 가족들을 모아
망명을 떠났습니다.
그 젊은 사자는 혼자서 스파르타 프라이드를 책임지게 된 것이죠.
한때 마포호 형제들을 핍박했던 스플릿록 컬리션의 아들이
이제는 동마포호 형제로부터 그 어머니와 누이들을 보살피게 된 겁니다.
참으로 기묘한 운명이라 아니할 수 없죠.

킨키테일과 미스터티는 자신들을 낳아 주고 실러 준 프라이드를
초토화시켰습니다.
그리고 기어이 말라말라를 완전히 장악했죠.

SCENE 5
위기

사비샌드의

별이

지다

탐욕과 오만

동마포호 제국의 군주들은 끝없이 몰려드는 도전자들을 격퇴하는 가운데,
형들한테 넘겨받은 영토를 두 배 가까이 넓히는 기염을 토했습니다.
킨키테일과 미스터티는 믿기 힘들 정도로 강했습니다.

동마포호 제국의 독립 후 2년여의 세월이 흐르는 동안,
그들은 일곱 차례의 전투를 치르며 열일곱 마리의 성체 수사자들을 물리쳤죠.
그중 다섯 마리 정도를 죽인 것으로 보입니다.
실로 엄청난 업적입니다.
불과 2년 동안 그들보다 혁혁한 전공을 쌓은 컬리션은
그 전에도 그 후에도 없습니다.
그들보다 개체 수가 훨씬 많은 컬리션들까지 포함해서요.

그런데 이는 사람들이 '확실하게' 파악한 숫자들에 지나지 않습니다.
사람들이 미처 확인하지 못한 승리도 얼마든지 있을 수 있겠죠.
킨키테일과 미스터티는 너무나 막강했습니다.

사비샌드 북부에 이어 동부까지 평정한 동마포호 형제는
한동안 중부와 북부, 동부를 분주히 오가며 침입자들을 처단했습니다.

그 후로는 한동안 평화로운 나날이 지속되었습니다.
너무 많은 적을 소탕한 바람에
더 이상 도전해 오는 적이 없었던 것이죠.

그러나 킨키테일과 미스터티는 평화를 바라지 않았습니다.
그들이 원하는 것은 오로지 싸움과 살육,
적의 숨통을 끊고 피를 뒤집어쓰는 것이었죠.
그들은 영토 순찰 도중 이따금 사람들과 마주치곤 했는데,
굉장히 신경질적이고 불만스러운 기색이었다고 합니다.
그런 모습이야말로 사람들의 등골을 서늘케 했다더군요.

그러던 10월의 어느 날, 그들은 기어이 사고를 치고 맙니다.
그들은 스틱스 프라이드의 암사자늘과 함께 식사 중이었는데,
느닷없이 암사자 한 마리를 물어 죽인 것이죠.
이유는 모르겠습니다.
그 사고를 저지른 게
킨키테일인지 미스터티인지도 확실하지 않습니다.
조사한 자료에는 그저 '동쪽 마포호 사자 둘'이라고만 나와 있었습니다.
평소 행실로 봐서는 미스터티 소행일 가능성이 크긴 하죠.

원래 대부분의 수사자들은 가족을 만들고 왕국을 세우고 나면,
가족을 돌보며 평화로운 나날을 만끽합니다.
그러나 동마포호 군주들은 확실히 별종이었던 것 같습니다.
평화가 지속될수록 오히려 짜증이 깊어졌죠.
가엾은 스틱스 암사자는 그 짜증의 희생양이 된 것이고요.

그런데 다행인지 불행인지,
그로부터 두 달 후 침입자들이 연거푸 나타났습니다.
골프코스 컬리션과 기지마 컬리션이었죠.
그들은 모처럼 골프코스 형의 피로 목을 축이고,
기지마 형제를 쫓아냈습니다.
또다시 평화가 찾아왔죠.
그들이 원하든 원하지 않든 간에 말입니다.

그런데 탐욕스런 동마포호 군주들은
평화를 즐길 생각이 별로 없었나 봅니다.
해가 바뀌고 여름이 끝나 가던 2010년 2월 무렵부터,
점점 영토 남쪽에서 보내는 시간이 늘기 시작했습니다.
사비샌드 남부마저 기어이 손에 넣겠다는 뜻을 드러낸 것이었죠.

이는 정말 믿기 힘든 일이었습니다.
동마포호 제국의 영토는 이미 지나치게 넓었죠.
셋 이상의 컬리션에 여덟 마리 이상의 수사자가 살아야
마땅한 규모였습니다.
그런데 그 넓은 땅을 두 마리짜리 작은 컬리션이 독차지한 것이죠.
이는 대단한 일인 동시에 비정상적인 상황이기도 했습니다.
사비샌드의 연구자와 관리인들은 진작에 우려의 목소리를 냈죠.

킨키테일과 미스터티는 믿을 수 없을 정도로 출중한 개체들이었지만,
사자들의 활동량에는 분명 한계가 있습니다.
아무리 부지런한 순찰자들이라도 돌아볼 수 있는 거리는 정해져 있고,
아무리 무적의 전사들이라도 전투를 치르면 휴식을 취해야 하는 법이죠.

그러나 그들은 그런 자연의 법칙을 완전히 무시하고 있었죠.
그들은 너무 탐욕스러웠습니다.
그리고 또 오만했죠.
사비샌드 사람들이 우려를 표한 것은 바로 그 점이었습니다.
그리고 2010년에 접어들며 그 우려는 서서히 현실로 다가왔습니다.

다가온 위협

2010년, 킨키테일과 미스터티는 여덟 살이 되었습니다.
그들의 전성기는 아직 끝나지 않았고,
영토는 점점 늘어나고 있었습니다.
얼마 전에는 골프코스와 기지마 사자들을 물리쳐 위엄을 사방에 떨쳤죠.

그런데 그 무렵, 한 무리의 젊은 수사자들이
크루거 국립공원에서 사비샌드 북부로 넘어왔습니다.
그들의 나이는 다섯 살쯤으로 이제 막 전성기를 맞이했죠.
그리고 그들의 숫자는 무려 다섯이었습니다.
그들의 모습은 십여 년 전의 웨스트스트리트 컬리션을 연상케 했죠.

다섯, 이는 실로 엄청난 숫자였습니다.
그들은 마포호 컬리션 이후에 나타난 최대 규모의 수사자 집단이었죠.
여태까지 킨키테일과 미스터티가 상대한
가장 큰 적의 숫자는 넷이었습니다.
하지만 이제 처음으로 다섯 마리의 적이 출현한 것이죠.
그들보다 두 배 이상 많았습니다.

이 젊은 사자들이 사비샌드로 오기 전에 어떤 일이 있었는지는 알 수 없습니다.
그들의 과거에 대해서는 놀라울 정도로 아직까지도 밝혀진 게 없어요.
다만 나이에 비해 많은 풍파를 겪은 건 틀림없어 보입니다.
그들 중 한 마리는 엉덩이에,
또 한 마리는 코에 커다란 상처가 있었거든요.
그들처럼 젊은 나이에 큰 상처를 지닌 수사자들은 그리 많지 않습니다.
수사자의 큰 상처는 큰 위기를 극복했다는 영광스런 훈장이기도 하죠.
그러므로 그 젊은 사자들은 결코 만만히 볼 대상이 아니었습니다.

그런데 젊은 침입자들에게는 아주 묘한 점이 하나 있었습니다.
나이에 비해 매우 침착하고 조심스러웠다는 것이죠.
늘 자신만만하고 거침없던 마포호 수사자들과는 정반대였죠.
그들은 애늙은이라고 해도 좋을 정도로 신중했습니다.
다섯 마리라는 큰 규모에도 불구하고,
그들은 놀라울 정도로 동마포호 형제를 잘 피해 다녔습니다.
제국 영토를 떠돌면서도 용케 발각되지 않고 두 폭군을 따돌렸죠.
무려 반년에 걸쳐서 말입니다.

어떻게 그런 일이 가능했는지 모르겠습니다.
동마포호 형제가 혹시 다섯이라는 압도적인 숫자에 겁먹고 오히려 피했던 건 아닐까 생각해 볼 수도 있습니다.
하지만 그건 절대로 아니었을 겁니다.
동마포호 형제는 적을 보고 반가워하면 반가워했지
결코 피할 사자들이 아니었죠.

아무튼 젊은 침입자들은 두 폭군을 피해 영토 외곽을 배회했습니다.
버펄로를 사냥해 굶주린 배를 채워 가며
인내심 있게 때를 기다렸죠.
그 모습이 여러 차례 관리인들과 관광객들에게 목격되었습니다.
그러나 그들은 이상할 정도로 이렇다 할 움직임을 보이지 않았습니다.

하지만 슬슬 때가 다가오고 있었죠.
그곳을 떠나든지 아니면 정복하든지 결정해야 할 때 말입니다.

운명의 날이 밝다

2010년 6월 8일 새벽 2시 30분 무렵,
다섯 마리의 젊은 수사자들은
마침내 동마포호 제국에 본격적인 침공을 개시했습니다.

이때 그들은 반년에 걸친 침묵을 깨고,
비로소 커다란 사자후를 토하며 존재감을 당당히 과시했죠.
이것은 명백한 선전포고였습니다.
4년 전, 젊은 마포호 형제들이 북부의 지배자들에게 도전했던 방식 그대로였죠.
침입자들의 모습은 확실히 마포호 형제들의 옛 모습과 닮아 있었습니다.

젊은 사자들의 선전포고가 이루어질 무렵,
그들의 위치는 사비샌드 동북부인 응코로 북쪽이었고,
동마포호 지배자들은 치타 평야 서쪽에 있었습니다.

수사자들의 우렁찬 사자후는 무려 8킬로미터 밖까지 전달된다고 하죠.
킨키테일와 미스터티는 선전포고를 확실히 접수했던 것으로 보입니다.
즉시 도전자들의 사자후가 들려오는 북쪽으로 이동하기 시작했기 때문이죠.
그들은 서둘지 않았지만 망설이지도 않았습니다.
두려운 기색은 전혀 없었죠.

이는 지극히 당연한 일이었습니다.
패권을 차지한 이래 그들은 단 한 번도 패하지 않았습니다.
적에게 등을 보인 적조차 없었죠.
그것은 그들의 역할이 아니었기 때문입니다.

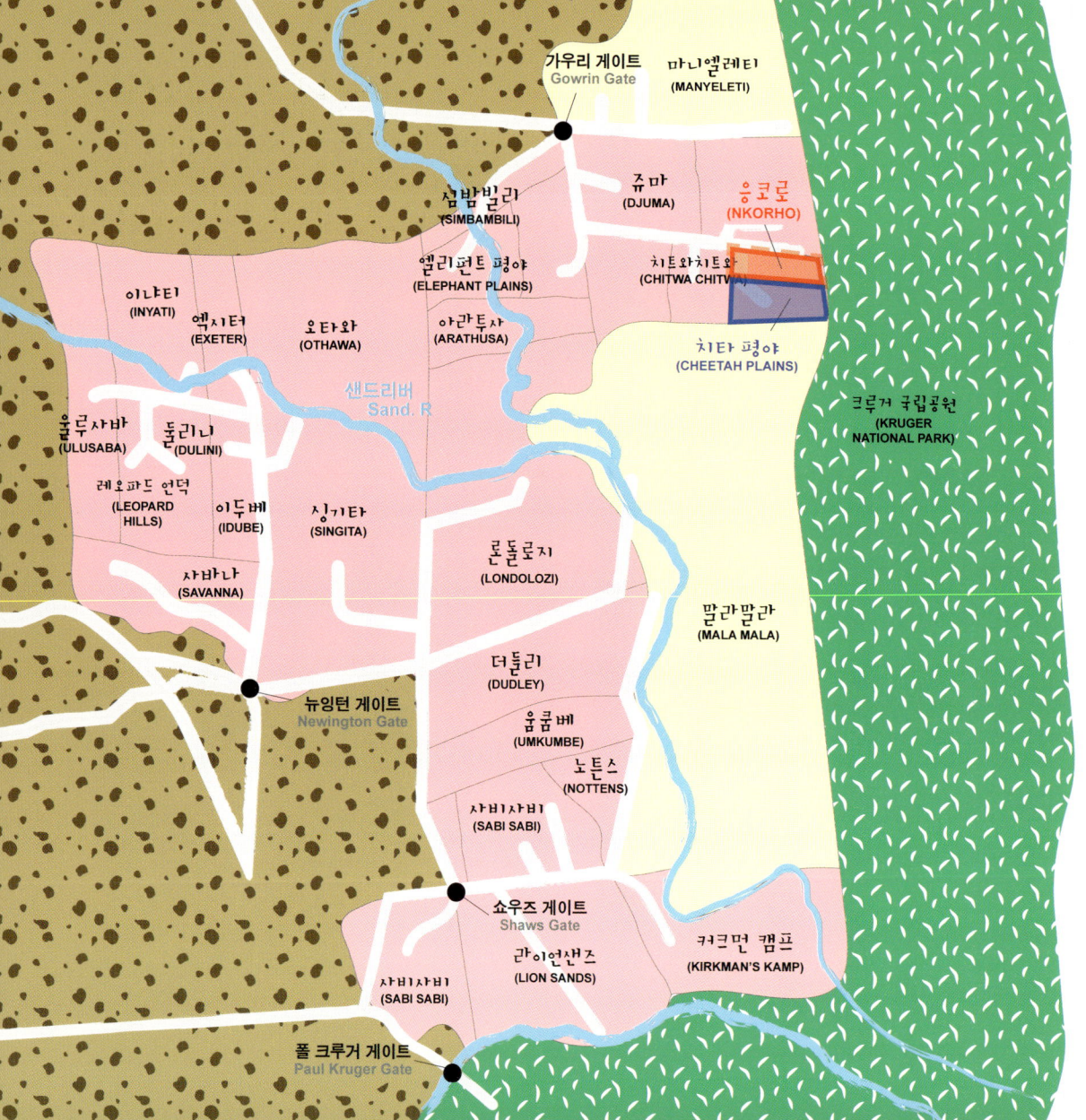

그들이 맡은 역할은 적을 쓰러트리고,
치명타를 가해 숨통을 끊는 것이었죠.
쓰러진 적의 피로 목을 축이고,
그 시체로 배를 채우는 것이었습니다.
그들은 보무도 당당하게 북쪽으로 진군했습니다.

의외의 모습을 보인 것은 오히려 도전자들 쪽이었습니다.
우렁찬 사자후로 선전포고를 하는 것까지는 좋았습니다.
그러나 그 후로는 과감히 공세를 펼치는 대신,
척후병을 파견하는 소심한 전술을 택했죠.
그들 중 네 마리는 응코로 북부에 남아 대기했고,
막내라고 짐작되는 한 마리만이 홀로 남하하기 시작했습니다.

그들은 왜 이토록 조심스러운 전술을 썼던 걸까요?
자신들의 사자후에 지배자들이 맞고함을 치지 않고 조용히 움직였기 때문에,
적의 동향을 파악하지 못한 데 따른 막연한 두려움이 있었던 걸까요?
정확한 이유는 알 수 없지만 확실한 것은
지배자들의 적극적인 움직임에 반해 도전자들의 태도는 여전히 신중했으며,
적대적인 두 집단 사이의 거리가 점점 좁혀지고 있었다는 사실입니다.

막내 도전자는 형들을 뒤로 하고
금빛 갈기를 휘날리며 민첩하게 남하하기 시작했습니다.
그는 그 땅의 악명 높은 지배자들이 이미 자신을 향해
성큼성큼 다가오고 있다는 사실을 미처 알지 못했죠.

첫 교전

제국의 군주들과 막내 도전자가 맞닥뜨린 것은
몇 시간이 흘러 동이 틀 무렵의 일이었습니다.
지배자들은 북쪽으로 이동한 후
신중하고도 치밀한 수색 작업을 펼치고 있었습니다.
앞장선 킨키테일이 고개를 땅에 처박다시피 하며 침입자의 흔적을 찾았고,
그 뒤를 따르는 미스터티는 좌우를 살피며 혹시 모를 위협에 대비했죠.
이는 평소 그들이 보여 준 협동 수색의 전형적인 양상이었습니다.

그러나 먼저 상대를 발견한 것은 막내 도전자였죠.
그는 황급히 근처의 작은 덤불에 몸을 숨겼습니다.
그러나 이런 탐색을 수없이 해 왔던
노련한 지배자들이 이를 그냥 지나칠 리 없었죠.

킨키테일이 웅크리고 숨어 있던 젊은 적의 모습을 발견했습니다.
그는 과연 용맹하기 짝이 없는 사자였습니다.
적을 보자마자 마치 총구에서 발사된 총알처럼 튀어 나갔죠.

한편, 미스터티는 노련한 사자였습니다.
아직 적의 존재를 확인하지 못했음에도,
형제의 반응을 보자마자 모든 상황을 파악했죠.
그는 일말의 머뭇거림도 없이 즉각 그 뒤를 쫓았습니다.

젊은 침입자는 야차★처럼 달려드는 지배자들의 모습에
자기도 모르게 두려움을 느꼈습니다.
당황한 그는 얼른 몸을 돌려 달아나려 했지만,
킨키테일이 너무 빨랐습니다.
순식간에 다가온 킨키테일은 젊은 침입자의 뒷다리를 덥석 물어 버렸죠.
그는 킨키테일을 떨쳐 내기 위해 격렬히 발버둥 치며 몸을 뒤집었지만,
이내 미스터티의 앞발이 얼굴을 노리고 날아들었습니다.
막내 척후병은 눈앞에서 할퀴고 덤벼드는 미스터티를 상대하면서,

★ 야차 — 인도 신화 베다에 나오는 신적 존재이다. 추악하고 무섭게 생긴 사나운 귀신으로서 사람을 괴롭히거나 해치고 다닌다. 불교에서는 불법을 수호하는 신인 팔부신장 가운데 하나로 여겨지며 북방을 지키는 수호신 역할을 한다.

하반신이 킨키테일의 이빨에 서서히 으깨지는 것을 느꼈습니다.

젊은 침입자는 사지를 버둥거리며
크게 울부짖었습니다.
미스터티도 날카롭게 포효하며
젊은 적의 얼굴과 목덜미에 맹공을 퍼부었죠.
킨키테일 또한 적의 뒷다리를 부러트리고
뱃가죽을 갈기갈기 찢는 내내 무시무시하게 으르렁거렸습니다.
고요하던 응코로의 초원은 세 수사자의 울부짖음 때문에
삽시간에 지옥으로 변했습니다.

킨키테일은 정말 믿을 수 없는 사자였습니다.
온몸에 치명상을 입은 침입자는 비명도 지르지 못하고,
숨을 헐떡거렸죠.
그러자 킨키테일은 적의 골반을 꽉 깨문 채
천지가 진동할 듯한 사자후를 토했습니다.
이는 어딘가에서 이 전투 소리를 듣고 있을 미지의 적들을 향해,
"지금 내가 너희 동료를 죽이고 있다!"라고 선언한 것입니다.

그는 한창 전투를 치르는 와중에 이미 다음 전투를 기대하고 있었던 것이죠.

그는 정말이지 싸우기 위해 태어난 사자였습니다.
꽤 시간이 흐른 후, 이윽고 킨키테일과 미스터티가 적에게서 떨어졌습니다.
그들은 숨을 고르고 서성이며 쓰러진 적의 상태를 살폈죠.
젊은 침입자는 어떻게든 움직여 보려 했지만,
몸이 말을 듣지 않았습니다.
양쪽 뒷다리가 모두 부러졌기 때문입니다.
그는 상반신만으로 이동하려 애썼지만,
질질 끌리는 하반신 때문에 잘되지 않았죠.

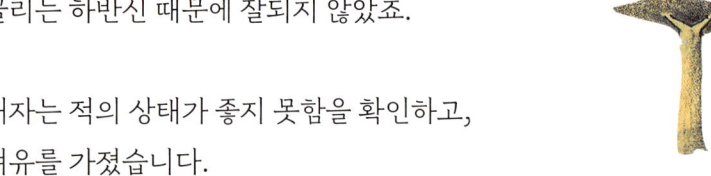

두 지배자는 적의 상태가 좋지 못함을 확인하고,
한결 여유를 가졌습니다.
그들은 천천히 몸을 풀고 시선을 교환하면서,
다음은 어디를 공격할지 살피듯 쓰러진 적의 주변을 맴돌았습니다.
침입자는 두 지배자를 번갈아 노려보며 절망적으로 울부짖을 뿐,
달리 할 수 있는 게 없었죠.
마침내 지배자들은 적의 골반을 협공해서 완전히 으스러트렸습니다.
그리고 천천히 물러나 나무 그늘에서 휴식을 취하며,
젊은 도전자가 짧은 생을 마감하는 모습을 감상하듯 지켜봤습니다.

그들의 협동공격은 놀라우리만치 효율적이었고,

그 위력은 무시무시했습니다.
이것이 바로 킨키테일과 미스터티가 승리를 거둬 온 방식이었죠.
늘 그렇듯이, 그들은 마치 한 몸처럼 싸웠습니다.
그들은 승리하는 법을 잘 아는 사자들이었죠.

그러나 찬란한 아침 햇살 속에서 거둔 그 빛나는 승리는,
긴 하루의 서막에 불과했습니다.
젊은 도전자들은 아직도 네 마리나 남아 있었죠.

젊은 사자들이 용기를 내다

비록 처참한 죽음을 맞았지만,
젊은 침입자의 저항도 꽤 매서웠습니다.
미스터티와 킨키테일은 승리의 대가로 온몸 구석구석에 상처를 입었죠.
미스터티는 오른쪽 눈가가 길게 찢어졌고,
킨키테일은 한쪽 앞발이 불편한 듯 살짝 절었습니다.
게다가 몹시 지쳐 있었습니다.
그들은 자신들이 쓰러트린 젊은 사자의 주검 앞에서 한동안 휴식을 취했죠.

동마포호 군주들이 막내 척후병의 숨통을 끊는 동안,
그의 네 형들은 그 현장에서 가까운 곳에 있었습니다.
따라서 그들은 분명 동생이 내지른 그 참혹한 비명은 물론
지배자들이 터트린 오만한 사자후를 틀림없이 들었을 것입니다.
그러나 그들은 미동도 하지 않았습니다.
심지어 그 끔찍한 전투가 끝난 후에도 한동안 요지부동이었습니다.
쥐 죽은 듯 꼼짝 않고 엎드려 있을 뿐이었죠.

그들이 그렇게 가만히 있었던 이유는 대체 무엇일까요?
젊은 도전자들은 아마도 충격과 공포에 빠져 있던 게 아닐까 싶습니다.
그들은 이미 반년 동안 숨죽여 지내 왔습니다.
킨키테일과 미스터티가 그들의 존재를 아예 모르고 있었다거나,
혹은 그들의 숫자에 겁을 먹고 피했다는 건 말이 되지 않습니다.
둘은 누구보다 부지런한 추적자이자 두려움을 모르는 전사였고,
무엇보다 늘 피에 굶주려 있었으니까요.

두 지배자는 젊은 도전자들의 존재를 어렴풋이나마 알고 있었을 테죠.
만약 마주쳤다면 망설임 없이 공격을 가했을 겁니다.
그럼에도 불구하고 반년 동안 단 한 차례의 교전도 없었다는 것은,
젊은 도전자들이 열심히 지배자들을 피했다고 볼 수밖에 없습니다.

킨키테일과 미스터티에게 큰 두려움을 품고 있었다는 것이죠.

그런데 그날 새벽, 커다란 사자후를 토해 자신들의 존재를 알린 것은
젊은 도전자들이 큰 두려움을 극복하고 엄청난 용기를 냈다는 뜻입니다.
그러나 그들은 척후병으로 내보낸 막내의 처절한 비명을 들으면서,
'두 지배자에 대한 두려움이 되살아났던 것 아닐까?
그래서 옴짝달싹 못 하고 그대로 얼어붙어 있었던 것 아닐까?'
순전히 추측해 볼 뿐입니다.

그런데 그렇게 두려워하면서도 그들이 끝내 자리를 떠나지 않았던 것은
다음과 같은 사실을 알고 있었기 때문일 거라 생각합니다.

첫째, 그토록 큰 용기를 다시 내기란 결코 쉽지 않다.
둘째, 아직도 자신들이 뚜렷한 수적 우위를 점하고 있다.
셋째, 언제까지나 도망만 쳐서는 영원히 왕위에 오를 수 없다.

그들은 오늘 결판을 내야만 하는 이유를 잘 알고 있었습니다.
하지만 두 지배자에 대한 크나큰 두려움이 발목을 잡았죠.
그 두려움을 떨쳐내는 데에는 시간이 필요했습니다.

막내가 목숨을 잃은 것은 아침 해가 뜰 무렵의 일이었죠.
그들이 다시 행동을 취한 것은 저녁 해가 뉘엿뉘엿 넘어갈 때였습니다.
용기를 되찾기까지 한 나절이라는 시간이 필요했던 것이죠.
진정한 용기란,
그토록 큰 두려움을 극복했을 때 비로소 나오는 법이니까요.

붉게 타들어 가는 저녁노을을 바라보며 쩌렁쩌렁한 사자후를 다시 토해 냈을 때,
젊은 도전자들은 아침과는 전혀 다른 사자들이 되어 있었습니다.

다시 시작된 전투

젊은 도전자들의 기백은 힘찬 사자후를 타고
지배자들에게 고스란히 전달되었습니다.
하지만 그야말로 지배자들이 진정으로 바라는 것이었죠.
또 한 차례의 전투 말입니다.
동마포호 제국의 두 군주는 마치 반갑다는 듯 우렁찬 사자후로 맞대응한 후,
즉각 젊은 도전자들이 있는 곳을 향해 몸을 일으켰습니다.
그들은 아직 피로도 회복되지 않았고,
다친 부위의 통증도 여전했죠.

하지만 망설임도 없이 그들은 달려갔습니다.
사비샌드 동부의 대제국을 지배하는 사자들의 숙명 때문이었죠.
도전자들을 찾아내 반드시 응징하는 것 말입니다.

얼마의 시간이 흐른 뒤,
동마포호 제국의 두 군주는 도전자들을 찾아냈습니다.
그리고 즉각 무서운 공격을 퍼부었죠.
하지만 젊은 도전자들도 이미 전의를 충분히 다지고 있었습니다.
그들은 매우 침착하게 대응했죠.
젊은 도전자들은 즉각 두 개 조로 나누어 맞서며,
두 개의 이 대 일 싸움을 전개했죠.
도전자들의 대응은 침착하기 그지없었습니다.
따라서 현장의 목격자들은 그들의 승리를 조심스레 점치기 시작했죠.

그러나 킨키테일과 미스터티,
동마포호 제국의 두 군주는 너무나도 강력했습니다.
그들은 어느 순간 전세를 뒤집는가 싶더니,
젊은 사자 넷을 무섭게 밀어붙이기 시작했습니다.
킨키테일과 미스터티는 정말 강력한 사자들이었죠.

그런데 문제는 그다음부터입니다.
동마포호 형제가 두 번째 전투에서도 승세를 타기 시작한 직후부터,
약 두 시간 동안의 기록이 비는 것이죠.

지배자와 도전자들이 두 차례 전투를 벌였던 그 긴 하루는,
충실한 영상 자료와 생생한 목격담 덕에 거의 완벽하게 기록되었습니다.
그날의 중요한 전투를 목격한 것은 두 명의 관리인들이었습니다.
그런데 그들은 유독 두 시간의 공백에 대해서는 설명하지 못했죠.
오늘날까지도 말입니다.
그 후 온갖 추측이 난무했지만,
그 두 시간은 영원한 수수께끼로 남게 되었습니다.

그리고 두 시간 뒤에 목격된 것은
홀로 적을 찾아 헤매는 킨키테일의 모습이었죠.
그의 곁에 미스터티는 없었습니다.

덫에 걸린 킨키테일

킨키테일이 홀로 모습을 드러낸 것은

이미 하늘이 충분히 어두워진 후의 일이었습니다.
그는 발칙한 도전자들을 빨리 찾아내지 못해 짜증이 났는지,
그 어느 때보다 불쾌하고 초조한 모습으로 사방을 뒤지고 있었죠.
기어코 그는 젊은 도전자들을 발견하고 말았습니다.
그리고 언제나 그래왔듯이,
킨키테일은 적들을 향해 쏜살같이 달려갔습니다.
몸은 아침의 전투에서 크고 작은 상처들을 입었지만,
그의 위엄과 자신감에는 전혀 변화가 없었죠.
이 얼마나 용감한 사자인지!

그런데 킨키테일은 상대할 적의 수를 정확히 파악하지 못하고 있었습니다.
일단 그의 눈에 띈 것은 두 마리였죠.
두 도전자는 미친 듯이 달려오는 폭군을 본 즉시
뒤돌아 도망치기 시작했습니다.
그들의 나약한 모습에 킨키테일의 분노와 자신감은 한층 격렬해졌고,
완전히 이성을 잃은 채 적들을 추격했습니다.
그래서 나머지 두 마리가 슬며시 자신을 뒤쫓기 시작한 것을 알아채지 못했습니다.
그리하여 킨키테일이 앞선 두 마리 적을 쫓고,
나머지 두 마리가 다시 그를 쫓는 진기한 추격전이 전개되었죠.
젊은 도전자들은 매우 침착하고 교활했습니다.

분노에 사로잡힌 킨키테일이 눈치채지 못한 사이,
젊은 도전자들의 치밀한 포위망은 서서히 좁혀지고 있었죠.
이 괴이한 추격전에서 그들이 보여 준 지능적인 모습은
많은 전문가들로 하여금 경악을 금치 못하게 했습니다.

이윽고 앞서 달리던 두 마리가 문득 멈추더니
뒤돌아서 전투 태세를 갖췄습니다.
킨키테일 또한 서서히 속도를 늦추며 결전에 대비했죠.
그런데 바로 그 순간,
그는 등 뒤에서 다가오는 다른 두 마리의 기척을 느꼈고,
비로소 자신이 지독한 수적 열세에 처했음을 깨달았죠.
이제 킨키테일에겐 선택의 여지가 없어 보였습니다.
네 마리의 강력한 적들을 피해 달아나는 것뿐.

목격자들은 아무리 킨키테일이라 하더라도 분명 도망치리라 예상했죠.
네 마리 적을 상대로 도망치지 않고 싸우는 사자는 없었습니다.
여태껏 그들이 봐 왔던 수사자들은 모두 그랬죠.

그러나 곧 그들의 눈을 의심할 수밖에 없는 광경이 펼쳐졌습니다.
킨키테일의 선택은 도망치는 것이 아니었습니다.

찰나의 망설임 끝에 그는 분노의 함성을 토해 내며,
그는 눈앞의 적들을 향해 맹공을 퍼붓기 시작했습니다.
그리고 그 놀라운 선택으로 인해,
킨키테일은 사자의 역사에 가장 용맹스러운 이름을 남깁니다.

킨키테일의 분전과 미스터티의 등장

킨키테일의 벼락 같은 공격은
도전자들에게도 몹시 뜻밖이었습니다.
앞서던 두 마리는 화들짝 놀라 주춤하고 물러설 수밖에 없었죠.
이에 킨키테일은 더욱 기세를 올렸지만,
곧 나머지 둘이 달려와 그를 에워쌌죠.

킨키테일은 사납게 날뛰며,
일 대 사의 참혹한 사투를 이어 갔습니다.
그는 무려 15분 넘게 홀로 네 마리 적을 상대하며,
한 치도 물러서지 않았죠.

그러나 애초에 될 일이 아니었습니다.

킨키테일은 놀랍도록 용맹했지만,
이미 새벽의 긴 추격과 치열한 전투 탓에 지치고 다쳤으니까요.
홀로 원기 왕성한 젊은 적 넷을 물리치기란 불가능했습니다.

그 힘겨운 전투를 치르는 동안,
아마 킨키테일은 마음속으로 애타게 미스터티를 찾았을 겁니다.
그러나 두 시간의 공백 속에 사라진 미스터티는 나타나지 않았죠.
당시 그의 행방은 오늘날까지 수수께끼로 남아 있습니다.

미스터티는 오지 않았고,
킨키테일은 마침내 하반신을 내주고 말았습니다.
그의 얼굴을 할퀴고 목덜미를 깨물려는 적 두 마리를 막아 내는 동안,
나머지 두 마리가 그의 뒷다리를 붙어뜯고 뱃가죽을 찢었죠.
삽시간에 그는 피투성이가 되었고,
찢어진 배에서는 내장이 쏟아지기 시작했죠.

그러나 킨키테일의 위업과 용맹은 전혀 손상이 없었습니다.
그는 쓰러져서도 격렬히 저항하며,
여전히 반격의 기회를 노렸죠.
그의 우렁찬 포효는 한층 쩌렁쩌렁하게 사방을 뒤흔들었습니다.

한데, 그 소리를 들었던 것일까요?
드디어 미스터티가 나타난 겁니다!
미스터티는 곧장 전투에 뛰어들었습니다.
그의 갑작스러운 등장은 젊은 도전자들을 당황하게 만들기에 충분했죠.
그런데 적의 수가 너무 많자, 미스터티도 당황했습니다.
적의 수를 파악한 미스터티는 킨키테일에게로 시선을 돌렸습니다.

하지만 이미 킨키테일은 거동이 힘들 정도로 심각한 부상을 입었습니다.
그 모습에 몹시 화가 난 미스터티는 적에게 맹렬하게 달려들었죠.
그러나 승세를 탄 젊은 도전자들은 어느새 침착성을 되찾았습니다.

네 마리의 젊은 도전자들은 다시 두 개 조로 나뉘었습니다.
두 마리는 여전히 킨키테일에 대한 공세를 늦추지 않았고,
나머지 두 마리는 미스터티를 앞뒤에서 어지럽게 협공했습니다.

미스터티는 비로소 형제를 구하기는커녕
자신마저 큰 위기에 처했다는 사실을 깨달았죠.
그는 절망했고, 달아나기 시작했습니다.

응코로 초원에 지는 별

두 젊은 도전자는 미스터티를 곧바로 추격했습니다.
나머지 둘은 여전히 킨키테일에게 무자비한 공격을 퍼부었죠.
얼마 지나지 않아,
미스터티를 쫓아버린 두 마리가 돌아왔습니다.
다시 일 대 사의 참혹한 싸움이 전개되었죠.
용맹한 킨키테일에게 마지막 순간이 다가온 것입니다.

그는 어느새 다리 세 개가 부러졌고,
배에서는 내장이 하염없이 흘러내렸습니다.
그럼에도 킨키테일은 결코 굴복하지 않았습니다.
그는 과연 가장 용맹한 사자라는 평을 듣기에 손색이 없었죠.
전혀 다치지 않은 듯 고개를 빳빳이 쳐들고,
크게 으르렁거리며 저항했습니다.

그러나 킨키테일의 등에 올라탄 젊은 적 하나가
그의 척추를 거칠게 물어뜯자,
순간 마치 총이 발사될 때 날 법한 큰 소리가 울려 퍼졌습니다.
킨키테일의 척추가 부러지는 소리였죠.

마침내 용맹한 킨키테일은 머리를 땅에 처박고,
빨리 죽기를 바라듯 저항을 멈추었죠.

그때, 어디선가 미스터티의 으르렁거리는 소리가 들려왔죠.
그는 차마 킨키테일의 곁을 떠날 수 없었던 겁니다.
그 소리를 들은 젊은 도전자 넷이 한꺼번에 몸을 일으켰습니다.
그들은 킨키테일을 버려둔 채 일제히 미스터티를 쫓기 시작했죠.
어쩌면 그것은 킨키테일에게 도망칠 시간을 벌어 주려는,
미스터티의 마지막 노력이었을지도 모릅니다.

그러나 이미 늦었습니다.
이제 킨키테일은 전혀 몸을 가누지 못했습니다.
땅에 누운 채 가쁜 숨을 몰아쉬며 빠른 죽음을 고대했죠.
응코로의 처연한 달빛만이 홀로 남은 킨키테일을 비추었습니다.
그날의 목격자들은 안타까운 마음에 그가 빨리 일어나기를 염원했지만,
이제 더 이상 그가 할 수 있는 일은 없었습니다.
그저 죽음을 기다릴 뿐.

얼마 후, 미스터티를 멀리 쫓아 버린 도전자들이 일제히 돌아왔습니다.
그리고 끔찍하게도 킨키테일을 먹어 대기 시작했죠.

더욱 끔찍한 것은 그가 아직 살아 있었다는 사실입니다.
킨키테일은 자신이 먹히고 있음을 느끼면서 격렬한 고통 속에 숨을 거뒀죠.
이것이 킨키테일의 첫 패배이자 마지막 패배였습니다.

그런데 희한하게 세 마리가 킨키테일의 꼬리 쪽부터 먹어 대는 동안,
나머지 한 마리는 여전히 그의 얼굴 쪽을 공격하고 있었습니다.
심지어 그들은 번갈아 가면서 숨진 킨키테일에 대한 공격을 멈추지 않았죠.

그들은 왜 그토록 해괴한 행동을 했을까요?
혹시 킨키테일의 숨이 완전히 끊어진 후에도,
자신들이 만난 가장 용맹한 사자에 대한 공포를
완전히 떨쳐 내지 못했던 건 아닐까요?
어쩌면 그날 킨키테일이 보여 준 광기 어린 용맹이,
젊은 도전자들의 혈관 속에 잠자던 마지막 광기마저 다 끌어냈던 걸까요?

시간이 한참 지났을 때,
미스터티의 힘없이 으르렁거리는 소리가 다시 들려왔습니다.
그는 아직도 형제의 곁을 완전히 떠나지 못했던 겁니다.
그 소리를 들은 도전자들은 그를 비웃듯 크게 포효했죠.

★ 2010년 6월 8일의 두 전투

그리고 얼마 후,
미스터티의 울음소리는 더 이상 들리지 않았습니다.
그렇게 또 사비샌드의 하루가 지났습니다.

킨키테일에 대한 단상

마포호 형제들을 지켜봤던 사람들은 이렇게 말하곤 합니다.
"가장 유명한 사자가 미스터티라면,
가장 사랑받은 사자는 킨키테일이었다."

킨키테일에게는 뭔가 특별한 것이 있었나 봅니다.
오랜 시간에 걸쳐 마포호 컬리션을 관찰했던 사람들도
그에게 각별한 애정을 갖고 있었죠.
이는 킨키테일의 비극적인 최후가 담긴 영상에 나오는 목격자들이
그의 죽음을 언급하며 울먹이는 모습을 통해서도 짐작할 수 있습니다.

킨키테일은 사비샌드 사람들에게
애정의 대상이자 공포의 대상이기도 했습니다.
이는 줄루족들이 그에게 붙여 준 '샤카(Shaka)'라는 별명에서도 알 수 있죠.

사비샌드 보호구역 주변의 원주민들은 줄루족입니다.
줄루족이 낳은 최고의 영웅은
바로 샤카 줄루(Shaka Zulu; 1787~1828)였죠.
그는 19세기 전반 소수의 줄루족을 이끌고
남아프리카의 모든 부족들을 정복했습니다.
그래서 유럽인들로부터 '검은 나폴레옹'이라 칭송을 받았죠.
샤카라는 별명은 킨키테일에게 썩 잘 어울리는 것 같습니다.

제가 이 글을 쓰고 있다는 사실 또한,
킨키테일에게 뭔가 특별한 것이 있다는 하나의 증거가 될 터입니다.
2017년 가을에 우연히 텔레비전을 통해 본 그의 장렬한 최후가,
두 눈을 의심케 하는 그의 영웅적인 최후가 마포호의 이야기를 쓰게 만들었죠.
최후의 순간에 보여 준 그의 '놀라운 용맹'에 완전히 매료된 것입니다.

놀라운 용맹, 이것이 바로 킨키테일의 정체성입니다.
그는 언제나 용맹한 사자였지만, 마지막 순간에 특히 용맹했죠.
그는 압도적으로 불리한 절체절명의 위기 속에서,
적에게 등을 보이는 대신 뱃가죽이 찢기는 쪽을 택했습니다.
그리하여 그는 역사상 가장 용맹한 사자의 품격을 지켜 냈고,
그를 사랑한 수많은 사람들을 끝까지 실망시키지 않았습니다.

또한 훗날 몰락의 길을 밟으며 쓸쓸하게 사라져 간 다른 형제들과 달리,
킨키테일은 그야말로 절정의 순간에 퇴장했죠.
그래서 가장 용맹한 모습으로 우리 기억에 남을 수 있었습니다.

제가 마포호에 관한 자료를 찾다가 들른 한 블로그의 촌평으로,
그의 죽음에 관한 이야기를 마무리하려 합니다.
"킨키테일은 가장 킨키테일다운 모습으로 우리 곁을 떠났다."

★ 킨키테일의 추억

SCENE 6 쇠퇴기

사라져 가는 형제들

파수꾼들의 추격

킨키테일은 2001년 말이나 2002년 초에
미스터티와 함께 한 어미의 배에서 태어난 것으로 보입니다.
따라서 그가 숨을 거뒀을 당시 여덟 살 정도 되었을 겁니다.
수사자의 전성기는 다섯 살부터 열 살쯤까지라니,
그는 전성기가 다 끝나기 전에 아쉬운 죽음을 맞은 것이죠.

방랑을 시작한 후,
마포호 컬리션은 언제나 운이 좋았습니다.
4년여 동안 단 한 마리의 형제도 잃지 않았죠.
수사자들의 거친 삶에는 으레 사건 사고가 끊이질 않습니다.
병든 사냥감을 잘못 잡아먹었다가 그 병에 옮아 죽거나,
방심하고 강을 건너다가 악어 떼의 기습을 받고 죽거나,
이긴 전투에서 입은 부상이 악화되어 어이없이 죽기도 하죠.

그러나 마포호 형제들에게는 그런 일이 일어나지 않았죠.
킨키테일의 죽음은 그들에게 찾아온 첫 번째 불운이었던 셈입니다.
그런데 그 첫 불운이 너무도 심각했죠.
하필이면 가장 젊고 용맹한 형제를 잃은 겁니다.

서부의 네 형들은 아직 모르고 있을 테지만,
미스터티는 그 불운을 이미 뼈저리게 통감하고 있었죠.
둘이서 다스리기에도 버거웠던 드넓은 영토에
혼자 덩그러니 남겨졌으니까요.
단둘이서 그 광활한 땅을 통치할 수 있었던 것은,
상식을 뛰어넘는 킨키테일의 용맹 덕분에 가능했습니다.

하지만 이제 그 용맹한 형제는 사라지고,
강력한 젊은 도전자 넷이 눈에 불을 켠 채 미스터티를 찾아다니고 있었죠.
미스터티의 앞날은 너무도 막막했습니다.

반면 젊은 도전자들은 자신감에 한껏 고취되었습니다.
킨키테일을 쓰러트린 후로 그들은 전혀 다른 양상을 보였죠.
그동안의 신중하고 소극적인 모습은 간 데 없고,
마치 다른 사자들이 된 양 매우 거침없고 적극적으로 행동했습니다.
사자들의 정보 체계가 얼마나 신속하고 정확한지 알 수는 없습니다.
그러나 젊은 도전자들의 태도 변화를 볼 때,
그들은 킨키테일이 가장 두렵고 위협적인 적임을 알았던 거 같습니다.
따라서 그를 제거한 마당에야 더 이상 두려울 게 없었던 것 아닐까요?

젊은 도전자들은 패주한 미스터티를 찾아
적극적인 수색 작전을 전개했습니다.
그리고 그들에게도 비로소 이름이 지어졌습니다.
마징길라니(Majingilane).
줄루족 언어로 '파수꾼'이라는 뜻입니다.
이 또한 젊은 도전자들과 잘 어울리는 이름이라고 생각합니다.

'악당'이라는 뜻의 마포호 컬리션은 그 이름에 걸맞게,
사비샌드를 온통 핏빛으로 물들이며 대제국을 건설했죠.
반면 마징길라니 컬리션은 그만큼 큰 제국을 세우진 못했지만,
사비샌드의 중심부를 차지하고 매우 신중한 통치를 길게 이어 갔죠.
무리한 팽창보다는 착실한 수성에 주력한 그들의 모습은
정말 파수꾼다웠습니다.
그들은 마포호와는 사뭇 다른 방식으로
자신들의 역사를 써내려 갔던 것이죠.

표류하는 미스터티

외톨이가 된 미스터티는 마징길라니 컬리션의 추격을 피해

아직 남은 영토를 배회하고 있었습니다.
미스터티는 아마 용맹했던 킨키테일의 죽음을
서서히 현실로 받아들이고 있었겠죠.

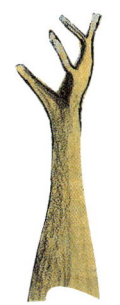

미스터티와 킨키테일은 한 어미의 배에서 한날 태어난 후로,
단 하루도 떨어져 본 적이 없는 단짝이었습니다.
미스터티는 평생 많은 일을 이루어 냈습니다.
그것은 모두 킨키테일의 전폭적인 지원이 있었기에 가능했죠.
하지만 이제 킨키테일은 사라졌습니다.
한 번도 헤어진 적 없던 쌍둥이는 이제 영원히 삶과 죽음으로 갈라지게 되었죠.

사자도 슬픔이란 감정을 느낄 수 있다면
미스터티는 극한의 슬픔을 맛보았을 것입니다.
그러나 그는 마냥 슬픔에 젖어 있을 수는 없었습니다.
무시무시한 마징길라니 형제들이 추격해 오는 가운데,
어떻게든 홀로 살아남을 방도를 찾아야 했으니까요.

미스터티는 과연 영리한 사자였습니다.
론돌로지 북부에 있던 찰랄라 프라이드를 찾아간 것이죠.
찰랄라 프라이드의 우두머리는 그보다 서너 살 많은 늙은 암사자였는데,

옛날에 하이에나들에게 꼬리를 잃어 '꼬리 없는 암사자'로 통했죠.
그녀는 당시 사비샌드에서 가장 유능하고 현명한 암사자였고,
킨키테일과 미스터티가 가장 신뢰하는 암사자이기도 했죠.
미스터티의 판단은 매우 적절했습니다.

★ 생전의 킨키테일과
찰랄라 프라이드

미스터티는 온몸에 크고 작은 부상을 입었지만,
며칠 동안 찰랄라 암사자들의 보살핌을 받았습니다.
6월 27일에는 찰랄라 식구들과 함께 버펄로 사냥에 나설 정도로 회복되었죠.
그가 어떻게든 혼자 해 나갈 수 있지 않을까 하는 기대도 품게 만들었습니다.

그러나 그 기대를 비웃기라도 하듯,
그 다음 날부터 마징길라니의 대대적인 공세가 펼쳐졌습니다.
그들은 끈질기게 미스터티의 흔적을 더듬어
찰랄라 프라이드까지 추격해 왔던 것이죠.
당시 찰랄라 프라이드는 성체 암사자 세 마리와 아성체 여덟 마리로 구성되었죠.
다행히 아주 어린 새끼사자는 없었습니다.
미스터티는 찰랄라 사자들과 힘을 합쳐 마징길라니와 싸웠습니다.
하지만 어림없는 일이었죠.

미스터티는 치열한 전투 도중 다시 부상을 입고,

어디론가 사라졌습니다.
꼬리 없는 암사자 또한 남은 가족들을 수습해 달아났죠.
그 전투에서 아성체 수컷 하나, 암컷 하나가 목숨을 잃었습니다.
미스터티와 킨키테일의 아들과 딸이었죠.
비록 자식 둘을 잃었지만, 꽤나 성공적인 도주였습니다.
꼬리 없는 암사자의 뛰어난 통솔력이 피해를 최소화시킬 수 있었죠.

또 한 번의 패배를 겪으며 미스터티는 확실히 깨달았습니다.
자기 혼자서는 저 네 마리의 젊은 적들을 상대로
아무것도 할 수 없다는 것을.
그는 그토록 미뤄 왔던 결단을 내리고야 맙니다.
조금 더 서쪽으로 이동하는 것이죠.

★ 서쪽으로 망명하는 미스터티

찰랄라 프라이드의 활동 영역은 동마포호 제국의 서쪽 끝이었습니다.
거기서 서쪽으로 더 간다는 것은 서마포호 제국 영토로 들어감을 의미하죠.
이는 2년 동안 왕래가 없던 옛 형들과의 재회를 뜻합니다.

6월 30일 아침, 상처 입은 몸을 이끌고
론돌로지에서 싱기타로 넘어가는 미스터티의 모습이 목격되었습니다.
그토록 찬란했던 동마포호 제국이 역사 속으로 완전히 사라지는 순간이었죠.

악당들의 반격

미스터티가 동쪽 영토를 포기하고 서부로 향함으로써,
드디어 2년여 헤어져 있던 마포호 형제들의 해후가 이루어졌습니다.
물론 남은 것은 다섯 마리뿐이었죠.
이제 킨키테일은 없었으니까요.

헤어지기 전 그토록 살벌했던 것과 달리
서부의 네 형들은 혼자 돌아온 막내를 별 마찰 없이 받아들였습니다.
아마도 그를 통해 알게 된 사태의 심각성 때문이 아닐까 싶습니다.
강력한 도전자들의 등장, 가장 용맹한 형제의 죽음, 동쪽 영토의 상실…….
이런 사건들은 그들이 과거의 불화를 딛고 힘을 합치게 만들었죠.
그리하여 분열의 시대는 끝나고,
마포호 제국은 다시 통합되었습니다.
비록 형제 하나를 잃고,
영토는 반 이상 줄었지만요.

당시 서마포호 제국의 리더는 마쿨루에서 드레드락으로 바뀌어 있었습니다.
이미 열두 살을 훌쩍 넘긴 마쿨루가
젊은 드레드락에게 권좌를 물려 준 겁니다.

마포호가 분열하기 전에
이미 드레드락은 엄청난 거구의 사자로 자라났습니다.
'거대한' 마쿨루를 능가하는 덩치가 되었죠.
특히 그는 엄청나게 치렁치렁한 갈기를 자랑했습니다.
드레드락은 흔히 레게 머리라 불리는 헤어스타일에서 비롯된 이름이죠.
그는 미염공★(美髥公)이라 칭하기에
전혀 손색이 없는 위풍당당한 사자였습니다.

리더가 누구였던 간에, 그들은 미스터티를 받아들였습니다.
형들이 평화롭게 지낸 2년 동안,
미스터티는 피바다를 헤쳐 왔습니다.
따라서 그의 전투력과 살기는 아마도 형들을 능가했을 겁니다.
형들은 그와의 충돌이 두려운 한편,
곧 닥칠 전쟁에서 그가 반드시 필요했을 테죠.

미스터티도 굳이 형들과 다시 갈등을 빚을 이유는 없었습니다.
일단 홀몸으로 갓 돌아온 외로운 처지인 데다,
믿을 건 형제들뿐이라는 사실을 충분히 잘 알았으니까요.

★ 미염공(美髥公) — 「삼국지」에서 수염이 아름다운 관우에게 황제가 친히 붙여 준 별명이다.

무엇보다 마징길라니라는 공공의 적이 있었기 때문입니다.
마징길라니, 이 가공할 새로운 적수는
오래 헤어져 있던 마포호 형제들을 다시 뭉치게 했습니다.

며칠 후인 7월 5일 밤,
론돌로지 북부의 마틀리(Marthly)에서 낯선 사자들의 우렁찬 포효가 들려왔습니다.
이에 현장을 파악하러 나갔던 관리인들은 깜짝 놀라고 말았죠.
그 낯선 사자들은 바로 마포호 다섯 형제였던 겁니다.
그들은 어느새 새로운 마징길라니 왕국의 심장부로 진군해 온 것이었죠.

세월이 흘렀다 해도
마포호 컬리션의 그 유별난 행동력만큼은 변함이 없었습니다.
또한 마포호 형제들의 위풍당당한 풍채 역시 그대로였죠.
당시 목격자 중에는 서쪽 형제들을 처음 본 사람이 있었는데,
그는 이런 기록을 남겼죠.
"나는 그들의 덩치가 얼마나 큰지 깜짝 놀라고 말았다.
 그들은 믿을 수 없을 정도로 커서,
미스터티가 왜소해 보일 정도였다."

의혹만 남긴 원정

마쿨루와 드레드락은 사비샌드 역사를 통틀어
가장 큰 사자들이었습니다.
라스타 역시 그에 못지않은 덩치였고요.
프리티보이와 미스터티도 작은 사자들은 아니었죠.
거구의 다섯 수사자가 줄지어 행군하는 모습은
분명 장관이었을 겁니다.
게다가 쉴 새 없이 분노의 함성을 토했다고 하니,
그 무시무시함은 한층 더했겠죠.
마포호 컬리션의 위압적인 모습에
사람들은 흥분을 감출 수가 없었습니다.

과연 위대한 마포호 컬리션이 마징길라니마저 쫓아내고,
동쪽 영토를 되찾을 수 있었을까요?

어떤 개인 블로그의 서술에 따르면,
7월 9일 밤에 마포호와 마징길라니 사이에 대전투가 벌어져
라스타가 전사하고 프리티보이는 크게 다쳤다고 합니다.

하지만 이는 믿을 수 없는 서술입니다.
그 전투의 목격자가 단 한 명도 없기 때문이죠.
아홉 마리 수사자가 밤새 벌인 큰 전투에
목격자 하나 없다는 것은 말도 안 되죠.
그 블로그 작성자는 밤새 들려온 사자들의 큰 함성 소리로
전투를 짐작했다고 설명하더군요.

그러나 이는 더더욱 말이 되지 않습니다.
전투가 벌어졌음을 알았는데도 아무도 현장에 가 보지 않다니요?
게다가 론돌로지 공식 블로그의 2010년 7월 8일자 기록을 살펴보면,
7월 5일 밤에 마포호 사자들이 크게 포효하며 동진한 건 사실이지만,
그 시각 마징길라니 컬리션은 더 동쪽에서 움츠려 있었다고 합니다.
그리고 마포호 컬리션은 이튿날 서쪽으로 돌아갔습니다.
6일에 이미 서부로 돌아온 사자들이 9일에 동부에서 전투를 벌일 수는 없죠.

7월 9일에 대전투가 있었다는 이야기는 아무래도 헛소문을 옮긴 듯합니다.
결국 마포호와 마징길라니 사이의 전투는 일어나지 않았던 겁니다.
소문난 잔치에 먹을 게 없었던 셈이지요.
그렇다면 왜 마징길라니는 마포호 앞에 나타나지 않았던 걸까요?
마포호가 진군해 올 당시 마징길라니는 그리 먼 곳에 있지 않았습니다.

따라서 당연히 마포호의 거센 사자후를 들었겠죠.
하지만 그들은 끝내 꼼짝 않고 웅크려 있었습니다.

마징길라니들은 놀랍도록 신중하고 교활한 사자들이었습니다.
그들은 반드시 수적 우위를 점했을 때에만 전면전을 벌였죠.
불리한 상황에서는 달아나는 것도 마다하지 않았습니다.
그들 손에 죽은 킨키테일과는 전혀 다른 동물 같았으며,
가끔은 하이에나들처럼 느껴질 때마저 있었죠.
따라서 2010년 7월 5일 밤에도 그들은 일부러 숨어 있었을 겁니다.
다섯 마포호 사자들을 이길 확신이 없었을 테니까요.

그럼 마포호 형제들은 왜 굳이 동부 멀리까지 진군해 놓고서는,
불과 하루 만에 그냥 돌아갔을까요?
혹시 그들도 마징길라니와의 전면전을 원치 않았던 걸까요?

네 형들은 이미 2년 가까이 서쪽 땅에서 안주해 왔습니다.
엄밀히 말해 동마포호 제국 영토는 그들과 상관없는 땅이었죠.
그런데 어느 날 미스터티가 홀로 처량하게 돌아왔다고 해서,
반드시 그의 영토를 되찾아 줘야 할 이유나 의무는 없었습니다.
다만 젊은 적들이 서쪽 영토마저 넘보는 것은

반드시 막을 필요가 있었죠.
따라서 먼저 동쪽으로 쳐들어가서 실컷 무력시위를 벌이고,
그 후에는 자연스럽게 철군한 것이죠.
이는 지극히 자연스럽고도 합리적인 설명입니다.
만약 그들이 그냥 평범한 사자들이었다면 말이죠.

하지만 그들은 마포호 사자들이었습니다.
사비샌드의 패권을 잡은 후,
마포호 형제들은 다른 수사자의 존재를 용인해 준 적이 없습니다.
형제가 아닌 수사자는 반드시 공격해서 죽이거나 쫓아 냈죠.
그런 그들이 이제 와서 과연 마징길라니라는 예외를 두려고 했을까요?
아무리 킨키테일의 죽음으로 숫자가 하나 줄었다고 해도,
이는 마포호 컬리션에게 전혀 어울리지 않는 일입니다.

숨죽인 채 동쪽에서 웅크리고 있던 마징길라니와 달리
마포호는 정말로 전투를 원했던 것 같습니다.
서쪽으로 회군하면서도 적지에 병력을 남겨 뒀기 때문이죠.

싱기타로 돌아온 것은 마쿨루, 드레드락, 미스터티뿐이었습니다.
라스타와 프리티보이는 철군 도중에 멈춰 엘리펀트 평야에 남았죠.

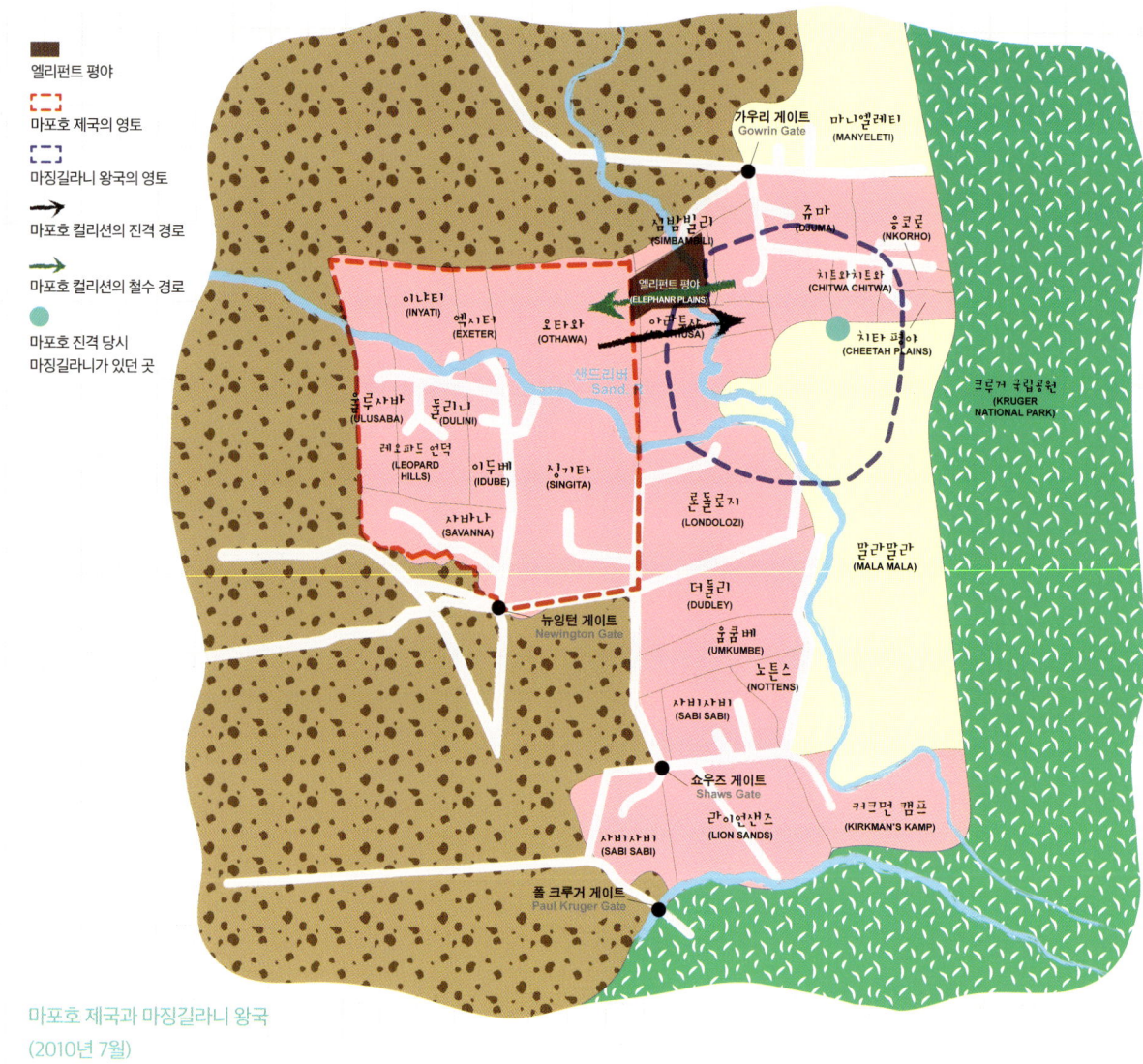

마포호 제국과 마징길라니 왕국
(2010년 7월)

이는 그들이 마징길라니와의 전투를 잠시 뒤로 미뤘을 뿐,
곧 다가올 전쟁에 대비한 전초기지를 마련한 것으로 볼 수 있습니다.

당시 마포호 컬리션의 행보는 다음과 같이 요약할 수 있습니다.

첫째, 마포호는 마징길라니와 정면 승부를 벌이기 위해 동쪽으로 진군했다.
둘째, 천만뜻밖으로 마징길라니는 그들을 피해 나타나지 않았다.
셋째, 장기전을 예상치 못했던 마포호는 서쪽 영토를 지키기 위해 부득이 철군했다.
넷째, 철군 도중 엘리펀트 평야에 두 마리를 남겨 전초기지로 삼았다.

그러나 마포호 컬리션의 동부 원정은
참담한 실패로 돌아가고 말았습니다.
라스타는 사라지고,
프리티보이 홀로 중상을 입고 서부로 돌아왔죠.

라스타와 프리티보이는 한 어미의 배에서 나온 쌍둥이였습니다.
킨키테일과 미스터티처럼요.
따라서 우정이 두텁고 마음이 잘 통하는 사이였죠.
엘리펀트 평야에 그 둘이 남은 것도 우연이 아닐 겁니다.

그러나 며칠 후 하나는 사라지고,
하나는 등에 치명상을 입은 채 돌아왔죠.
라스타는 대체 어디로 사라진 걸까요?
프리티보이는 대체 누구의 공격을 받은 걸까요?

전혀 알 수가 없습니다.
이 사건은 킨키테일이 죽던 날 저녁 두 시간의 공백에 이어,
마포호 컬리션에 관한 두 번째 수수께끼로 남았습니다.

끊이지 않는 재앙

라스타와 프리티보이, 이 쌍둥이 형제의 일은
처음에는 마징길라니 사자들에게 당했다는 설이 유력했습니다.
하지만 시간이 지날수록 이 설은 점점 강하게 부정당했죠.
당시 마징길라니는 동부의 프라이드들을 정복하느라 정신없이 바빴거든요.
엘리펀트 평야보다 훨씬 동쪽에 있었던 겁니다.

마징길라니의 소행이 아니라면 대체 어떻게 된 걸까요?
일단 라스타가 '흔적도 없이' 사라진 점에 주목해 보죠.

라스타가 사자, 하이에나 등 다른 동물에게 당했다면
적어도 '최소한의 흔적'은 남습니다.
설령 시체마저 뜯어 먹혔다 하더라도,
두개골, 등뼈, 갈기 등은 남게 되죠.
그러나 라스타는 그야말로 흔적도 없이 사라졌습니다.
그렇다면 남은 가능성은 하나, 밀렵꾼들이죠.
그들은 사자를 흔적도 없이 가져가니까요.

프리티보이는 아마도 라스타가 사라진 후,
혼자 있다가 공격당했을 가능성이 큽니다.
모처럼 서쪽으로 순찰 나왔던 마징길라니들에게 걸렸을 수도 있고,
정처 없이 돌아다니던 떠돌이 수사자들과 마주쳤을 수도 있죠.
어쩌면 하이에나 떼의 공격을 받았을 수도 있습니다.
일반적으로 수사자는 하이에나들의 천적으로 알려져 있지만,
혼자 있을 때에는 의외로 수세에 몰리는 경우도 있거든요.

라스타의 실종과 프리티보이의 부상.
이는 킨키테일의 죽음에 이어 마포호에 닥친,
또 한 번의 큰 재앙이었습니다.
여섯 형제들 중 둘이 죽거나 사라지고,

하나는 크게 다쳤습니다.
멀쩡한 것은 리더인 드레드락과 마쿨루, 미스터티뿐이었죠.
이제 전투 가능한 병력이 절반으로 줄어든 겁니다.
어느덧 그들은 마징길라니를 정벌하기는커녕
되레 그들이 쳐들어오지 않을까 걱정해야 할 처지에 놓였죠.
그토록 사납고 거칠던 마포호 사자들도 현실을 받아들이고,
시뭉위 프라이드와 함께 지내며 숨고르기에 들어갔습니다.

프리티보이는 척추에 큰 부상을 입었습니다.
사람들은 그가 곧 죽으리라 예상했지만,
오랜 투병 끝에 기적적으로 살아납니다.
그러나 등에 큰 상처가 생겼고,
척추가 약간 굽어 버렸죠.
때문에 그는 '굽은 척추'라는 씁쓸한 별명을 얻게 됩니다.

그러나 마포호 컬리션의 비극은 아직 끝나지 않았습니다.
프리티보이가 아직 몸을 가누지 못하던 어느 날,
드레드락은 문득 몸을 일으키더니 혼자 동쪽으로 향했죠.
여기까지는 별다를 게 없는 일상적인 모습이었습니다.
그는 종종 홀로 순찰을 나갔다 돌아오곤 했으니까요.

★ 홀로 영토를 순찰하는
드레드락

하지만 이번에는 다시 돌아오지 않았습니다.

드레드락은 대체 어디로 사라진 걸까요?
온갖 추측이 난무했습니다.
마징길라니, 떠돌이 수사자, 하이에나, 악어 등이
그 실종의 책임 목록에 이름을 올렸죠.
하지만 다 추측일 뿐입니다.
드레드락의 실종은 마포호 컬리션의 세 번째 수수께끼가 되었죠.

그런데 드레드락 또한 '흔적도 없이' 사라졌음을 주목해야 합니다.
마치 라스타처럼요.
그렇다면 다시 한 번 밀렵자들 설이 대두될 수밖에 없죠.
게다가 드레드락은 라스타의 경우보다노
밀렵자들이 한층 더 의심스러워집니다.
영토 밖에 파견 중이던 라스타와 달리,
영토 안에서 실종되었기 때문입니다.

심지어 어떤 밀렵꾼 집에서 드레드락과 똑 닮은
수사자 박제를 봤다는 주장마저 제기되었죠.
이 박제 목격담은 믿지 못할 수도 있겠지만,

밀렵꾼 설은 상당히 설득력 있어 보입니다.
그 큰 수사자들의 증발을 달리 설명할 수 있는 방법이 없고,
실제로 아프리카에서 밀렵은 지금도 일어나고 있기 때문입니다.

이제 마포호 컬리션은 단 세 마리로 줄어들고 말았습니다.
그리고 뚜렷한 리더조차 없는 무정부 상태에 놓이고 말았죠.

사탄의 진면목

마포호는 여섯 마리의 강력한 수사자들로 구성된 컬리션이었습니다.
그러나 2010년 중순을 넘기며 늙은 사자 셋만 남게 되었죠.
킨키테일, 라스타, 드레드락이 차례로 떠난 겁니다.
우여곡절 끝에 마쿨루, 프리티보이, 미스터티만 살아남았죠.

★ 세 마리 남은
마포호 컬리션

사비샌드의 형세 또한 크게 요동치고 있었습니다.
한동안 난폭한 마포호 사자들에 의해 강요되었던
평화로운 통일기가 끝난 것입니다.
2010년 하반기부터 본격적인 분열의 시대로 돌입했죠.

셋만 남은 마포호 컬리션은 서부의 지배권을 간신히 유지했습니다.
또한 마징길라니 네 마리가 동부 전체와 북부를 장악했죠.
남부에는 한때 동마포호형제에게 쫓겨났던,
툴론 컬리션 셋이 버티고 있었습니다
북부의 마니엘레티에서는 호시탐탐 마징길라니들의 북쪽 영토를 넘보는,
'마팀바(Matimba)'라는 여섯 마리 컬리션이 나타났죠.
그리고 완충지대인 중부 지역에서는
다양한 떠돌이 컬리션들이 나타났다 사라지기를 반복하고 있었죠.

그야말로 혼란스러운 군웅할거의 시대가 열린 것입니다.
그리고 이런 정세는 마포호 형제들에게 크나큰 행운으로 작용했죠.
왕년의 동마포호 제국이 서마포호 제국을 침입하려는 적들을 막아 준 방파제였듯이
이제는 마징길라니가 본의 아니게 그 역할을 떠맡게 된 섭니다.

마징길라니는 가장 큰 위협인 마팀바 컬리션의 남하 저지에
모든 역량을 쏟아부을 수밖에 없었죠.
그러는 와중에 틈틈이 남쪽의 툴론 컬리션을 견제하는 한편,
중부 지역에 수시로 출몰하는 떠돌이들의 동향까지 살펴야 했습니다.
그러다 보니 얌전히 서부에 처박혀 있는
늙은 마포호 사자들을 괴롭힐 여유가 없던 겁니다.

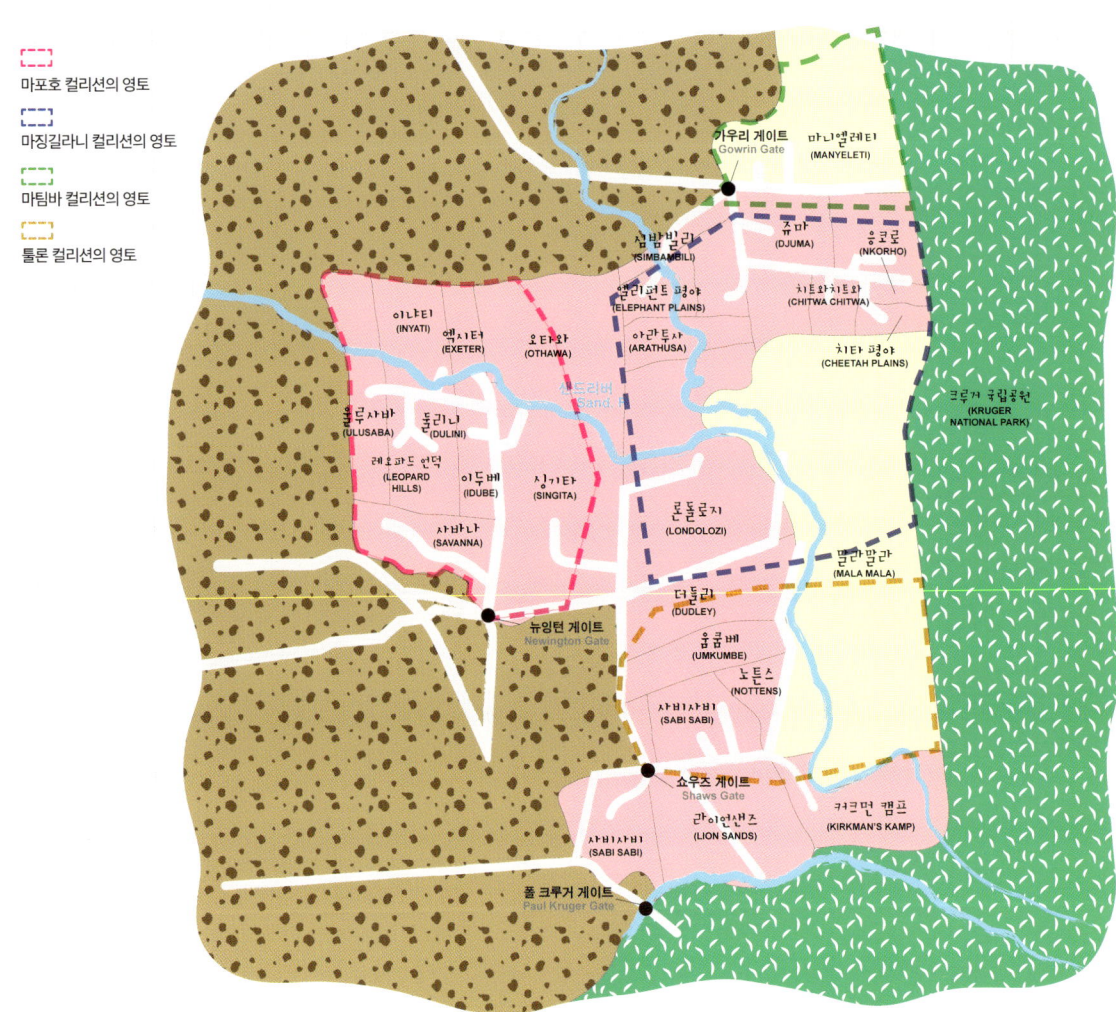

마포호, 마징길라니, 마팀바, 툴론 컬리션의 영토
(2010년 말)

마포호 형제들 입장에서는 원수들이 뜻밖의 보호자가 되어 준 셈이죠.

이런 혼란스런 정세 덕분에, 늙은 마포호 사자들은
서부 끄트머리에서나마 초라한 패권을 유지할 수 있었습니다.
이 구차스런 평화는 향후 2년 가까이 지속되었죠.

그런데 뜻밖의 평화로운 세월이 이어지자,
미스터티가 다시 본성을 드러냈습니다.
드레드락의 실종 후, 마포호 컬리션에는 뚜렷한 지도자가 없었죠.
미스터티는 반드시 지도자가 필요하다고 생각했고,
자신이 적격이라고 생각했습니다.
그는 생각을 행동으로 옮기는 데 별로 많은 시간이 필요없는 사자였죠.

9월 10일, 그는 마쿨루와 프리티보이를 차례로 공격했습니다.
늙고 다친 형들은 저항조차 못해 보고 꼬리를 내렸죠.
마포호 제국의 분열기 동안 형들은 서부에서 오랜 평화에 길들여졌습니다.
그러므로 동부에서 피로 얼룩진 세월을 보낸
미스터티의 전투력을 따라잡기 힘들었겠죠.
심지어 마쿨루는 너무 늙었고,
프리티보이는 아직 부상에서 덜 회복되었죠.

그런 그들이 미스터티를 당해 낼 수는 없었습니다.
미스터티는 결국 마포호 컬리션의 3대 지도자가 되었습니다.

권좌에 오른 미스터티가 가장 먼저 한 일은
자기 씨를 퍼트릴 준비를 하는 것이었죠.
당시 마포호 컬리션이 거느린 프라이드는 시뭉위 하나뿐이었습니다.
따라서 시뭉위 암사자들이 미스터티가 자식을 낳을 수 있는 유일한 대상이었죠.

그런데 암사자들은 기를 자식이 있는 한 발정을 하지 않습니다.
당시 시뭉위 프라이드에는 많은 새끼사자들이 있었죠.
그들은 다른 형제들의 자식들로,
미스터티의 조카들인 셈이었죠.

그러나 미스터티의 유일한 관심사는 자기 자식을 낳는 것이었죠.
그러기 위해서는 시뭉위 암사자들이 발정기를 맞아야 했습니다.
그래서 늘 그래 왔듯,
그는 장애물들을 제거한 것입니다.
이미 그에게 굴복한 늙은 두 형은
자식들이 학살당하는 모습을 속수무책으로 지켜봤습니다.
이 사건을 통해 미스터티는 사탄의 명성을 다시금 만방에 떨쳤죠.

★ 새끼사자들을 죽이는
미스터티

셀라티 사자들과의 충돌

앞서 말했듯이,
마징길라니는 셋 남은 마포호 형제들을 내버려 뒀습니다.
따라서 미스터티가 일으킨 집안싸움이 끝난 후,
1년 넘게 평화로운 날들이 지속되었습니다.
늙은 세 형제는 조용히 여생을 즐길 수 있을 것처럼 보였죠.
그러나 급변하는 사비샌드의 정세는 그들을 내버려 두지 않았습니다.

2012년 초, 또 다른 위협이 그들 앞에 다가왔습니다.
그 위협은 마징길라니보다도 훨씬 젊은 컬리션이었습니다.
그들은 사비샌드 남부 셀라티 프라이드 출신의 수사자 네 마리였죠.
이제 겨우 네 살을 넘긴 그들은
1년 전부터 중부에서 방랑을 시작한 것으로 보입니다.
그들은 한동안 동부와 서부를 오가며 갈팡질팡했죠.
마징길라니와 마포호 형제 중 어느 쪽이 만만한지
판단이 서지 않았나 봅니다.
그러나 이는 시간이 해결해 줄 문제였습니다.
그들은 점점 서쪽에서 보내는 시간이 늘어났죠.

두 컬리션이 충돌하게 된 직접적인 계기는 암사자였습니다.
어느 날 시뭉위 프라이드의 젊은 암사자 한 마리가 발정기를 맞았는데,
늙은 마포호 사자들은 영토 순찰을 나섰는지 한동안 자리를 비운 상태였죠.
때마침 젊은 셀라티 수사자들의 포효가 들려오기 시작했고,
젊은 암사자는 이내 그들에게 다가가 교미를 했습니다.

그 후 암사자는 셀라티 수사자들과 종종 어울리곤 했는데,
그들의 만남 장소는 마포호의 영역에서 아주 가까웠습니다.
마포호 형제들은 곧 그 사실을 알아챘던 것 같습니다.
얼마 지나지 않아 두 컬리션 사이에 큰 전투가 벌어졌죠.

2월 말에 벌어진 전면전은 마포호 컬리션의 판정승으로 끝났습니다.
셀라티 사자들이 먼저 전장에서 이탈해 도주했기 때문입니다.
늙은 사자 셋이 젊은 사자 넷을 물리친, 믿기 힘든 승리였죠.
마포호 형제들의 관록과 투지가 빚어낸 값진 성과였으며,
이는 공식적인 마지막 승리로 남았습니다.

그러나 전투에서 입은 피해는
승자인 마포호 쪽이 오히려 더 컸습니다.
늙은 사자들은 그 전투에서 많은 부상을 입었습니다.

특히 프리티보이는 또 한 차례 생사를 장담하기 힘든 중상을 입었죠.
하지만 몇 달간 앓은 끝에 다시 한 번 일어섰습니다.
이때부터 그에게 '불사조'라는 별명이 추가되었습니다.

그러나 셀라티 컬리션은 전투 경험이 부족해 지레 겁을 먹고 달아났을 뿐,
그 전투는 사실상 그들이 이긴 거나 마찬가지였습니다.
그들 자신이 몰랐을 뿐이죠.
다시 돌아왔을 때 그들은 결코 같은 실수를 되풀이하지 않았습니다.

마포호 사자들이 거둔 그 빛나는 승리는 상처뿐인 영광에 불과했으며,
곧 닥쳐올 또 하나의 큰 재앙을 예고하는 사건이었습니다.

SCENE 7
몰락기

지상에서 영원으로

가장 사악한 사자의 퇴장

미스터티는 지도자였지만 통치는 순조롭지 않았습니다.
자연스럽게 권좌에 올랐던 마쿨루나 드레드락과 달리,
형들과의 투쟁을 통해 억지로 거머쥔 권력이었기 때문이죠.
마쿨루와 프리티보이는 이 사악한 막내를 잘 따르려 하지 않았습니다.

게다가 셀라티와의 전투 후,
미스터티는 혼자 지내는 시간이 점점 늘었죠.
마쿨루가 크게 다친 프리티보이 곁을 좀처럼 떠나지 않은 반면,
미스터티는 홀로 떨어져 사색에 잠긴 모습이 자주 보였습니다.
어쩌면 그는 무기력해진 형들에게 진저리가 났을지도 모릅니다.
아무튼 그는 야생의 중요한 원칙을 망각하고 있었죠.
아무리 대단한 수사자라도 절대 혼자 있어서는 안 된다는 것을.

3월 16일, 젊은 셀라티 수사자들이 마포호의 영토로 돌아왔죠.
미스터티가 홀로 있는 모습을 발견하고,
그들은 슬며시 다가가 집중 공격을 퍼부었습니다.

예상치 못한 기습에 미스터티는 달아날 기회마저 뺏겼습니다.

그는 사력을 다해 맞서 봤지만, 역부족이었습니다.
네 마리의 젊은 적이 동시에 달려들어 순식간에 그의 사지를 물어뜯었죠.
그의 옛 전우 킨키테일이 최후를 맞았던 순간과 거의 흡사했습니다.
미스터티는 이내 온몸에 크고 작은 상처들을 입었으며,
특히 등에는 마치 거대한 창이 관통한 듯한 큰 구멍이 뚫렸습니다.
그것은 치명상이었습니다.

마침내 미스터티가 풀썩 쓰러지며 절망적으로 으르렁거리자,
젊은 수사자들은 한 발 물러서 숨을 고르며 주의 깊게 살폈죠.
이는 그가 킨키테일과 함께 승리를 거둔 마지막 전투,
즉 마징길라니 막내를 해치울 때를 떠올리게 하는 장면이었습니다.
뒷다리가 모두 부러져 움직일 수도 없는 미스터티는 무섭게 포효했죠.
하지만 어디까지나 허장성세에 지나지 않았습니다.
그는 젊은 적들이 다시 공격할까 두려워 앞발을 휘둘렀지만,
그저 허우적대는 데 그치고 말았습니다.
등의 상처에서 끊임없이 흘러내린 피는 그의 하반신을 흠뻑 적셨죠.
그는 마치 한 마리의 붉은 사자가 된 것 같았습니다.

이윽고 셀라티 수사자들이 총공격을 감행했고,
탈진한 미스터티는 속수무책으로 당했습니다.

분노와 고통에 찬 비명을 지르는 것이 그가 할 수 있는 전부였죠.
젊은 적들이 문득 그에게서 떨어졌습니다.
그리고 가만히 그를 지켜봤죠.
마치 고통으로 몸부림치는 악당의 모습을 감상이라도 하듯이.
그러더니 그들은 한순간 일제히 돌아섰습니다.
미스터티에게 결정타를 가하지 않은 채로 말이죠.
숨을 헐떡거리는 그의 참혹한 모습을 힐끔힐끔 바라보며,
젊은 셀라티 수사자들은 유유히 사라져 갔습니다.

셀라티 수사자들은 왜 그냥 사라졌을까요?
왜 미스터티의 숨통을 끊어 버리지 않았던 걸까요?
혹시 악명 높은 그에게
신속한 죽음이라는 자비조차 베풀기 싫었던 걸까요?

셀라티 형제들이 사라진 후에도,
미스터티는 그 자리에 가만히 엎드려 있었습니다.
거친 숨을 몰아쉴 뿐, 한 발도 떼지 못했죠.
또한 등의 치명상 때문인지 돌아눕지도 못했죠.
그는 가만히 엎드린 채 끔찍한 고통을 만끽했습니다.

그가 완전히 숨을 멎기까지는 한 시간 가까이 걸렸습니다.
그동안 미스터티는 무슨 생각을 했을까요?
평화로운 유년기의 추억,
첫 전투의 영광스러운 승리,
권좌에 오른 후 저질렀던 무수한 악행들,
그가 유일하게 사랑했던 킨키테일의 얼굴을 떠올렸을까요?

미스터티는 참으로 끔찍한 사자였습니다.
그보다 용맹한 사자는 있었을지언정 잔인한 사자는 없었죠.
그는 '사탄'이라는 악명에 부끄럽지 않게 너무 많은 악행들을 저질렀죠.
수많은 사자들을 해치고 잡아먹었습니다.
또한 맏형의 권위에 도전함으로써,
형제들의 분열에 가장 큰 책임이 있는 당사자이기도 했죠.

하지만 미스터티는 대단한 업적을 남기기도 했습니다.
그가 적극적으로 처형을 주도한 덕에,
마포호 형제들은 사상 유례 없는 대제국을 세울 수 있었죠.
그리고 꽤 오랜 시간 집권을 이어 갈 수 있었죠.
어쩌면 훗날의 마징길라니조차
그가 저질렀던 대학살의 수혜를 입었는지 모릅니다.

★ 미스터티의 최후

그의 죽음을 서술하는 지금에 이르러
'수사자의 본성이란 과연 무엇인가?' 하는 근원적인 질문을 던져 봅니다.
그리고 그것은 다름 아닌 '공격성'이라 정의내리고 싶습니다.
그런데 이 공격성은 보는 이의 시각에 따라
'용맹함'이 되기도 하고 '잔인함'이 되기도 합니다.

사람들은 흔히 킨키테일은 용맹했고,
미스터티는 잔인했다고 말합니다.
그러나 그들의 본성은 마찬가지였던 것 같습니다.
두 형제의 성격은 판이하게 달랐다고 했으나,
그것을 표출하는 방식에서 차이가 있었을 뿐입니다.
그들은 수사자 특유의 공격성에서 볼 때,
놀랍도록 빼닮은 한 쌍이었던 것이죠.

저는 미스터티에게 새로운 정의를 내려 주고 싶습니다.
그는 가장 '부지런한 사자'였다고.
그는 언제나 할 일을 찾아 실행에 옮겼으며,
안주하는 것을 경멸했죠.
가만히 있느니 차라리 악행이라도 하나 더 하려 들었습니다.

그가 행했던 모든 일들과 그가 남긴 모든 업적이,
어떤 성격을 갖든지 어떤 평가를 받든지 간에,
그는 언제나 가장 부지런한 사자였습니다.
마포호가 누린 영광과 겪은 재앙은
거의 다 그에게서 비롯된 것이었죠.
그 부지런함이 때로는 다른 형제들을 몹시 힘들게 했고,
그 스스로도 매우 고단한 일생을 보내게 만들었지만 말입니다.

그리고 2012년 3월 16일,
죽음은 마치 그에게 휴식처럼 다가왔습니다.

늙은 사자들의 방랑

압도적으로 포악하고 잔인했던 미스터티가 죽자,
늙고 다친 두 형제는 이제 송곳 꽂을 만한 영토도 유지할 힘이 없었죠.
그들은 자연스레 제국의 문을 닫고,
조용히 방랑을 시작했습니다.

열네 살의 마쿨루와 열두 살의 프리티보이,
두 노장의 모습은 처량하기 짝이 없었죠.
거대한 마쿨루는 노환으로 움직임이 눈에 띄게 둔해졌습니다.
그러나 비참하기로는 두 살 어린 프리티보이가 오히려 더했습니다.

프리티보이는 의혹으로 남은 원정,
미스터티와의 권력 다툼,
셀라티 수사자들과의 충돌에서 번번이 크게 다쳤죠.
특히 척추를 크게 다쳤던 2010년 7월에는
모두들 그의 죽음이 시간 문제라고 봤습니다.

그러나 그는 언제나 기적적으로 부활했고,
다시 일어나 형제들에게 힘을 보탰습니다.
하지만 부활의 대가는 무척 컸습니다.
그는 다시는 예전의 건강과 활력을 되찾지 못했고,
늘 구부정한 자세를 유지해야 했죠.
'미소년'이라 칭송받던 빼어난 자태는 간데없이 초라한 몰골로
남은 생을 구차스레 이어 갔죠.

늙고 지친 형제는 6년 만에 다시 방랑자 신분으로 떨어졌습니다.
과거에는 희망과 야심으로 가득한 모험을 즐겼다면,
이제는 절망과 낙담으로 얼룩져 이리저리 흘러 다닐 뿐이었죠.
그들의 자신감은 땅에 떨어졌으며,
오로지 생존 본능에 따라 수동적으로 생활했습니다.

이 황혼의 방랑기에 그들이 가장 많이 신경 쓴 일은
다른 수사자들과 마주치지 않도록 조심하는 것이었습니다.
과거 한 마리의 경쟁자라도 더 물리치기 위해
사비샌드를 샅샅이 뒤지고 다니던 때와는 정반대의 모습이었죠.
그들은 다른 컬리션과의 만남을 피하기 위해
구석진 땅만 전전하며 구차한 삶을 이어 갔습니다.

사비샌드의 서부는 셀라티 컬리션이,
동부는 마징길라니 컬리션이 굳게 장악했습니다.
북부는 마징길라니 컬리션과 마팀바 컬리션이
치열하게 싸우는 위험한 땅이었습니다.
마쿨루와 프리티보이는 자연스레 남쪽으로 향할 수밖에 없었죠.

하지만 남부도 임자 없는 빈 땅은 아니었습니다.
'크루거(Kruger)'라는 컬리션이 그곳을 지배하고 있었습니다.
그들은 여덟 살의 나이로 한창 전성기를 구가하는 중이었죠.
크루거 컬리션 또한 두 마리에 불과했지만.
1년 전에 툴론 삼 형제를 쫓아내고 셀라티 프라이드를 장악한 강자들이었죠.
그러하기에 늙은 마포호 형제가 만만히 볼 대상은 결코 아니었습니다.

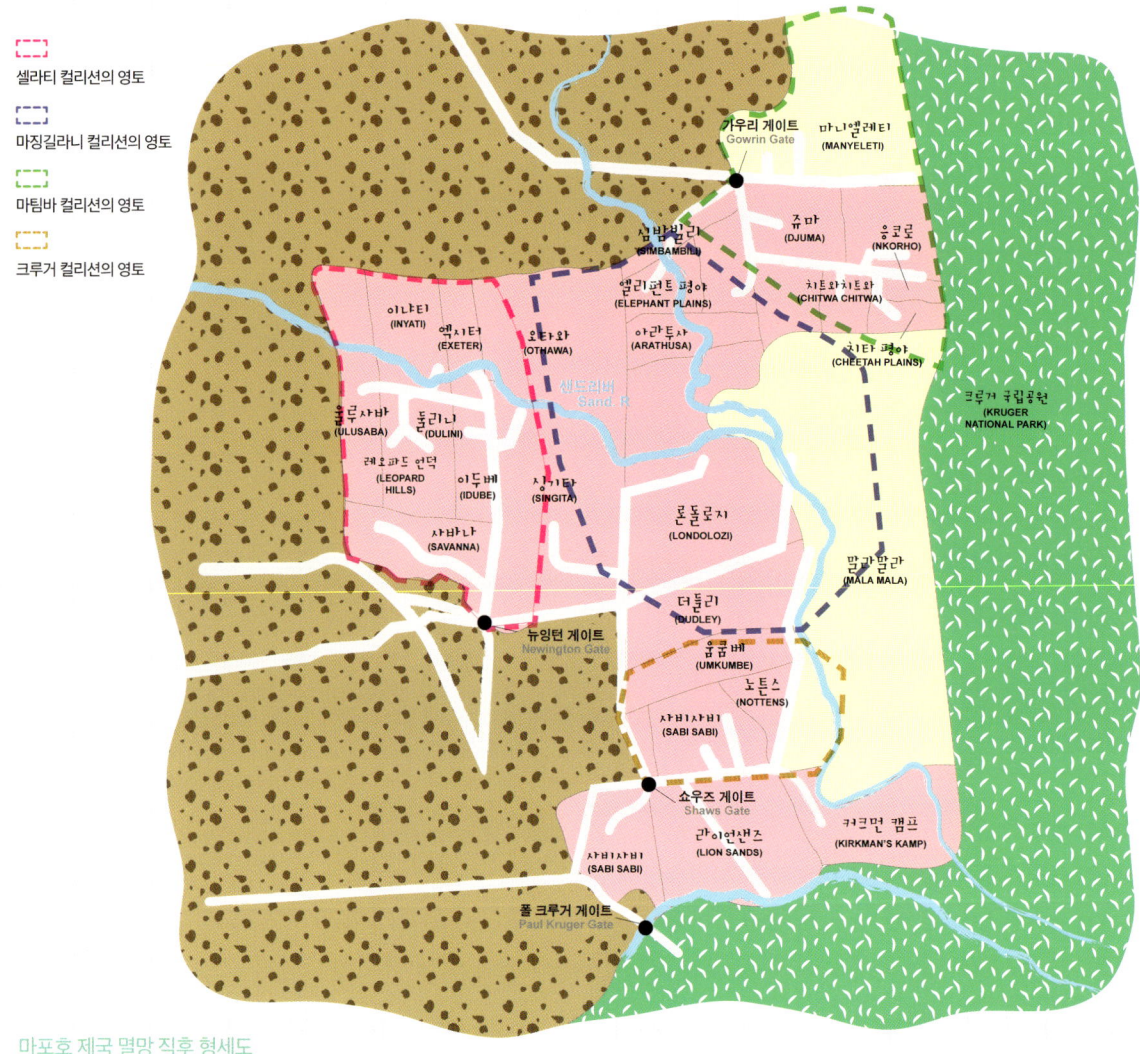

마포호 제국 멸망 직후 형세도
(2010년 말)

달리 갈 곳이 없던 마포호 형제는 몇 달 동안 그 땅을 배회했습니다.
늙은 떠돌이들을 영토에서 몰아내려는 크루거 형제와 수차례 충돌하면서요.
물론 수세에 몰려 도망치는 건 매번 마포호 사자들 몫이었습니다.

어쩌면 그들은 크루거 컬리션이 아닌, 세월에게 진 건지도 모릅니다.
세월 앞에 장사 없다는 말이 있죠.
제아무리 대단한 업적을 남긴 위대한 사자들이라 해도,
도저히 흐르는 세월을 거역할 수는 없었습니다.

마침내 7월 10일의 전투에서
늙은 사자들은 결정적인 패배를 맛봤습니다.
그리고 조용히 어디론가 사라졌죠.
한동안 그들의 자취를 찾을 수 없었습니다.

★ 마쿨루와 프리티보이의
쓸쓸한 말년

그런데 그들이 종적을 감춘 뒤,
크루거 컬리션 사자 하나가 죽고 말았습니다.
노장들과의 전투에서 입은 가벼운 상처가 덧나 목숨까지 잃은 것이죠.
뜻밖에 그는 마포호 컬리션의 마지막 희생자가 되고 말았습니다.
그리고 그 불운한 크루거 컬리션 사자가 숨지기 얼마 전,
사비샌드 관리본부에 마쿨루가 죽은 것 같다는 보고가 접수되었습니다.

219

노장은 다만 사라질 뿐

그 후, 홀로 남은 프리티보이가 풀 죽은 채 배회하는 모습이
이따금 목격되곤 했습니다.
그는 더욱 절박하게 다른 수사자들을 피해 다녔습니다.
셀라티 컬리션의 영토에 발을 잘못 디뎠다가
허겁지겁 도망치는 안쓰러운 모습도 보였죠.

그러던 어느 날,
죽었다고 알려졌던 마쿨루가 다시 모습을 드러냈습니다.
사비샌드 남쪽 끝의 폴 크루거 게이트(Paul Kruger Gate) 주변에서
건재한 모습의 마쿨루가 프리티보이와 함께 어슬렁거리는 장면이 포착된 것이죠.
이는 신문의 헤드라인을 장식할 정도로 큰 화제가 되었습니다.
"마포호 사자들이 아직 활동 중이다!"
그러나 이것은 마포호 컬리션이 받은 마지막 스포트라이트였습니다.

그리고 10월의 어느 날,
두 노장의 모습이 다시 목격되었습니다.
그들은 한때 자신들의 제국이 있던 사비샌드 서부 지역으로 이동 중이었죠.
그들은 버펄로 떼를 쫓고 있었는데,

프리티보이는 애처로울 정도로 말라 있었죠.

그 후로 한동안 그들의 소식은 들려오지 않았습니다.
그러다가 2013년 1월,
마쿨루가 혼자 돌아다니는 모습이 목격되었습니다.
그의 곁에 더 이상 프리티보이는 없었죠.
그의 죽음에 관한 사진이나 영상은커녕 목격담마저 없습니다.
늙은 '미소년'은 자신이 죽는 모습을 사람들 앞에 보이지 않음으로써,
'불사조'라는 명성에 금이 가지 않도록 했습니다.

마쿨루는 홀로 살아남았습니다.
마포호 형제들 가운데 가장 늙은 사자가 가장 마지막 사자가 된 것이죠.
그도 얼마 후 분명 죽었을 겁니다.
그러나 그의 죽음도 목격되지 않았죠.

마쿨루는 의문투성이 사자입니다.
정확한 나이도 알 수 없고,
어머니가 누군지도 모릅니다.
심지어 웨스트스트리트 사자들의 아들인지도 확실치 않죠.

마쿨루는 매우 신비로운 사자였습니다.
그는 홀연히 나타났던 것처럼 다시 홀연히 사라져 갔죠.
어느 날 갑자기 다섯 동생에게 나타났던 이 정체불명의 사자는,
그 동생들을 차례로 모두 떠나보낸 후,
어딘가에서 홀로 쓸쓸한 죽음을 맞았을 겁니다.
하지만 그 모습을 본 사람은 아무도 없습니다.
그의 신비로움은 끝까지 훼손되지 않았습니다.

MAPOGOS

마포호 연대기_아프리카 역사상 가장 위대한 여섯 사자를 기록하다

초판 1쇄 인쇄	2019년 10월 31일
초판 1쇄 발행	2019년 11월 8일
펴낸이	이신재
펴낸곳	글자와 기록사이

글자와 기록사이

등록번호	2015.12.14. 제2015-000054호
주소	서울특별시 양천구 목동동로375 2층
전화	02-6204-8064
이메일	letternrecords@gmail.com
홈페이지	www.letterandrecords.com
글	스몰츠용수
그림	오지리 아야카
편집	김은경
디자인	최혜진, 이수현
지도그래픽	한도희
인쇄	제이케이프린팅

ⓒ 스몰츠용수, 2019

ISBN	979-11-957394-4-8 03810

_ 이 책은 저작권법에 의해 보호를 받는 저작물이므로 무단 전재 및 복제를 금합니다.
_ 잘못된 책은 구입하신 서점에서 바꾸어 드립니다.
_ 책값은 뒤표지에 표시되어 있습니다.
_ 이 책은 콩기름잉크로 인쇄한 친환경 인쇄물입니다.